Viagem
Mística

Sylvia Browne
Autora do livro *Sociedades Secretas*

Viagem Mística
Como alcançar a elevação espiritual

Tradução
Fal Azevedo

Título original: Mystical Traveler - How to Advance to a Higher Level of Spirituality
Copyright © 2008 by Sylvia Browne
Publicada originalmente pela Hay House Inc. USA.

Todos os direitos reservados. Nenhuma parte desta obra pode ser reproduzida ou transmitida por qualquer forma ou meio eletrônico ou mecânico, inclusive fotocópia, gravação ou sistema de armazenagem e recuperação de informação, sem a permissão escrita do editor.

Direção editorial
Soraia Luana Reis

Editora
Luciana Paixão

Editor assistente
Thiago Mlaker

Assistência editorial
Elisa Martins

Preparação de texto
Rebeca Villas-Bôas Cavalcanti

Revisão
Márcia Duarte Campanhone
Albertina Piva

Capa, criação e produção gráfica
Thiago Sousa

Assistente de criação
Marcos Gubiotti

CIP-Brasil. Catalogação-na-fonte
Sindicato Nacional dos Editores de Livros, RJ

B898v	Browne, Sylvia
	Viagem mística / Sylvia Browne; tradução Fal Azevedo. - São Paulo: Prumo, 2009.
	Tradução de: Mystical traveler
	ISBN 978-85-61618-68-1
	1. Espiritualidade - Miscelânea. I. Título.
08-5376.	CDD: 299.93
	CDU: 29

Direitos de edição para o Brasil: Editora Prumo Ltda.
Rua Júlio Diniz, 56 - 5º andar – São Paulo/SP – CEP: 04547-090
Tel: (11) 3729-0244 - Fax: (11) 3045-4100
E-mail: contato@editoraprumo.com.br / www.editoraprumo.com.br

Para minha amiga e espírito amável Linda Rossi

Sumário

Introdução 9

Capítulo 1 A construção do viajante místico 21

Capítulo 2 O chamado que ressoa na alma 45

Capítulo 3 Um contrato com Deus 59

Capítulo 4 Dogma, darma e carma 71

Capítulo 5 Nomes escritos em ouro 89

Capítulo 6 As oito chaves douradas do conhecimento 97

Capitulo 7 Efeitos da ascensão na espiritualidade 117

Capítulo 8 Céticos, entidades escuras e outros desafios 129

Capítulo 9 Os sete raios de Deus 147

Capitulo 10 Respostas e percepções de Francine 165

Capítulo 11 Rituais especiais e o processo de preparação 179

Capítulo 12 A Cerimônia de Indução 193

Introdução

Como tenho dito muitas vezes em programas de televisão e em palestras, existe, a despeito da forma como encaramos este mundo sempre caótico, um tremendo movimento espiritual que toma força. Esse movimento já foi mais discreto, mas todos os dias descubro que agora acontece às claras e vai muito bem, obrigada. A razão de haver estado escondido por tantos anos não era manter-se secreto por algum motivo escuso, mas sim porque o planeta ainda não estava pronto para ele.

Por ter participado do *The Montel Williams Show* durante 17 anos e feito palestras por mais de cinco décadas, pude perceber um aumento na busca da espiritualidade pelos mais diferentes tipos de pessoas. Neste livro quero explicar tudo o que captei nos mínimos detalhes, incluindo a maneira de nos tornarmos entidades espirituais evoluídas, conhecidas como "viajantes místicos". Alguns ministros de minha igreja, a Sociedade dos Novos Espíritos, já sabem disso, pois estavam presentes quando Francine, meu espírito guia, deu-me todas essas informações, muitos anos atrás.

Para aqueles que não estão familiarizados com ela, Francine é meu principal guia espiritual; está comigo desde que nasci. (Também possuo um guia secundário, Raheim, que veio até mim mais tarde. Falarei sobre ele logo mais, de forma detalhada.) Não sou apenas clarividente, mas também "clareouvinte", então posso realmente ouvir Francine. Além disso, sou médium de transe, de modo que ela usa meu corpo de tempos em tempos para se comunicar. Se você já leu qualquer um de meus outros livros, já sabe que Francine é uma grande pesquisadora que revelou a verdade em assuntos importantes e também nos que parecem sem importância.

Graças a esse novo despertar (a busca pela espiritualidade real e não apenas pelo dogma), sinto que é tempo de explicar como chegamos a esse nível mais alto e todas as implicações desse fato.

Qual é o seu legado?

O fato de existir tanta gente refletindo sobre sua espiritualidade é explicado por duas razões: (1) haverá definitivamente um tempo em que a reencarnação esquemática na Terra vai acabar; então, (2) este planeta não mais abrigará a vida tal qual a conhecemos. (Creio que temos algo em torno de 100 anos ainda, talvez menos.) Muitos indivíduos entendem isso na alma e, por essa razão, querem fazer do mundo um lugar melhor, sagrado. Sabem que desde o começo dos tempos tem havido uma batalha entre o bem e o mal, então querem colocar a mão na massa de alguma forma. Há um sentimento de inquietação no peito desses homens e mulheres que os faz desejar elevar sua espiritualidade. Sua alma anseia por algo, mas eles não sabem que nome dar a isso... Simplesmente sentem.

Com todo o estresse que enfrentamos no cotidiano, incluindo as críticas sobre o modo como dormimos, fazemos ginástica, envelhecemos, declaramos guerra, combatemos os terroristas ou lidamos com as pragas e a pobreza, não é de admirar que muitos de nós nos sintamos eternamente em alerta, como se vivêssemos em plena guerra. Somos bombardeados constantemente com notícias, em sua maioria ruins. Podemos nos sentir derrotados num mundo ridiculamente agitado (e que nos puxa em direção à miríade, onde tudo aparentemente leva a lugar nenhum) e acabamos cansados, impotentes e doentes. Todos parecemos viver com a síndrome do "e se...?" nos dias que correm, como se esperássemos que o infortúnio caísse sobre nossa cabeça.

O lado bom disso tudo é que levou muitos de nós a prestar atenção no que está por trás dessa batalha – ou, ainda mais importante, no que está a nossa frente. Bem, é simples: iremos para o Outro Lado com glória e identificados como seres que tudo fizeram por nossos Criadores. (O Outro Lado é nosso verdadeiro lar, onde vivíamos antes de reencarnar na Terra. Ainda falarei muito sobre esse conceito ao longo deste livro. Além disso, nossos Criadores consistem no Pai e na Mãe Deus. Por favor, perceba que ambos, nossos Pais, formam um só Deus e que assim, quando eu me referir a Deus, estarei me referindo a ambos.)

Tudo bem se você mantiver um olho naquele que pode vir a ser o homem ideal ou a mulher ideal, ou até mesmo no carro ou na casa que quer ter, porque nossos Pais não negam nada que ambicionemos, nem nos negam conforto. Mas, quando essas coisas passarem a ser questão de vida ou morte, você vai acabar achando tudo meio sem sentido e vazio. O velho ditado "caixão não tem gaveta" é muito verdadeiro. Então, pergunte a si mesmo: "O que é que *vou* levar comigo?". A resposta deve fazer referência a sua espiritualidade, seus feitos e a como você amou as outras pessoas, seja incondicionalmente ou de maneira egoísta.

Sim, estou aqui falando sobre seu legado – não o do tipo monetário ou material, mas a maneira como você amou os outros e os tratou, e o que você fez por eles. Pessoalmente, detesto ir a funerais, mas eles costumam ser ótimos indicadores daquilo que homens e mulheres fizeram de seu tempo na Terra. A não ser que tenham sido algum tipo de celebridade, o número de pessoas que fizerem fila para ver o caixão ou comparecerem ao enterro demonstrará quão decentes os indivíduos foram e quantos amigos tinham.

Naturalmente, todos nós morreremos algum dia. Ainda que este planeta não seja o lugar mais duro do Universo, sobreviver aqui já é um feito e tanto. Mas a chave é *como* sobreviver: você se programa no modo "sobreviver" e segue dia a dia, ou pratica boas ações, trata as pessoas com amor e bondade e, depois, vai para o Lar com dignidade e com seu grande espírito intacto? Se prefere a segunda opção, encaixa-se na condição de viajante místico.

Viagem mística

A ajuda está ao nosso redor

A estrada que você escolhe para trilhar na vida é chamada de "planta do caminho" e atravessa colinas e vales. Mesmo acreditando que sua estrada particular está devastada ou cheia de ervas daninhas, siga sempre em frente. Se você o fizer, os anjos o ajudarão e, depois de certo ponto, um viajante místico aparecerá.

Em outras palavras, quando sentir que está em uma zona morta – a que chamo "período do deserto" –, não apenas poderá se voltar para a Mãe e o Pai Deus, os guias espirituais e os anjos, mas poderá também chamar o viajante místico, que irá prontamente minimizar sua angústia. Saiba que mesmo os viajantes místicos atravessam fases como essa, como todos nós. (Isso também explica por que essas almas tendem a encontrar mais adversidades que outras – embora, para compensar, também encontrem mais alegrias.)

Não entre naquele buraco negro para o qual a depressão o empurra: *Ninguém me ama; ninguém gosta de mim; não há ninguém para mim*. A autopiedade vai levá-lo ao fundo do poço; você não precisa disso. Tente lembrar-se de que toda essa proteção caminha a seu lado – sem mencionar os entes amorosos que estão do Outro Lado e que igualmente o ajudam.

Francine explica que a Terra realmente é o mais difícil de todos os planetas, e que aqueles que vêm para cá quase sempre desejam aperfeiçoar a alma – é por essa razão que existem tantos viajantes místicos hoje em dia. Afirma ainda ser ela mesma um deles, e que nunca houve uma entidade mística que tenha se ressentido ou que não quisesse isso.

Muitas pessoas que nunca pensaram em se tornar viajantes místicos farão isso na verdade, diz minha guia, porque querem descobrir de quanta espiritualidade o planeta precisa. Quando traçam seus caminhos (ou seja, quando fazem os planos de vida que os ajudarão a aprender e a fazer sua alma evoluir) no Outro Lado, notam a loucura que é a guerra neste mundo, as doenças e a falta de humanidade com que tratamos uns aos outros e até mesmo aos animais – por isso deixam em aberto a opção de se tornarem viajantes místicos.

Francine explica que, mesmo que alguém fosse totalmente ignorante, poderia ver, ouvir ou ler sobre as coisas negativas que acontecem todos os dias em todo o planeta. Ela diz que aqueles que estão ao seu lado sabem muito bem o que está acontecendo na Terra, e que especialmente os guias espirituais conversam sobre isso entre si. De fato, os que estão do Outro Lado estão convencidos de que tudo isso é o começo do fim dos dias de reencarnação esquemática. Eu disse muitas vezes nas últimas décadas: tenho visto mais gente em sua última vida do que antes. E são esses indivíduos que tendem a tornar-se viajantes místicos.

Segundo Francine, há mais entidades evoluídas aqui do que em qualquer outro planeta, e mais e mais delas chegam a cada dia. Ela afirma também que um grande número de bebês que estão nascendo agora se tornará viajante místico. A maioria dos que entregarem as almas a essa missão, porém, pedirá isso ainda em vida. Faz sentido, porque, se você está em batalha espiritual, deve ficar atento, convocando mais tropas e se certificando de que suas armas são eficazes – não apenas para sua própria proteção, mas também para ajudar o mundo a se tornar mais e mais espiritualizado antes de seu último suspiro – por assim dizer.

Se você está inclinado para esse lado, pode se tornar um viajante místico, mas preciso enfatizar que isso só acontecerá se puder dar o máximo de si. Entenda: tornar-se uma entidade dessas não renega seu próprio caminho; pelo contrário, permitirá que você cumpra seu destino com mais graça. Pode soar confuso a princípio, mas, uma vez que você compreenda o que está acontecendo, tudo ficará bem claro.

Viagem Mística

Os viajantes místicos e as entidades com missões de vida

Além do viajante místico, há outro tipo de existência que requer grande espiritualidade: a entidade que possui uma missão de vida. Ela é mais simples – ainda que não menos espiritual – que o viajante místico. Na verdade, todas as pessoas espiritualizadas são quase automaticamente entidades com missões de vida. O viajante místico é a mais alta forma de entidade, a mais complexa e mais difícil de alcançar. Esses dois grupos são os únicos que têm abertas as opções de caminho enquanto vivos; todos os que decidem encarnar podem escolher entre tornar-se ou não membros de um deles.

Como bem sabemos, tudo o que encontramos no caminho de nossa vida espiritual é escrito e escolhido por nós mesmos, mas a única opção deixada em aberto nesse caminho é tornar-se uma entidade com missão de vida ou um viajante místico. Tal opção demanda um nível tão alto de espiritualidade e de unicidade com a Mãe e o Pai Deus que a maioria escolhe não fazê-la. Entenda: todas as encarnações vividas pela entidade de alma clara são, basicamente, contratos particulares feitos entre nós e nossos Pais para a evolução de nossa própria alma. (Explicarei a diferença entre almas claras e escuras mais adiante.) Entretanto, a vida escolhida pelas entidades com missão de vida ou pelos viajantes místicos demanda um comprometimento maior e mais substancial do que a escolhida por quem segue, vamos chamar assim, pelas vias normais.

Parece que nos últimos 20 anos as pessoas se tornaram mais e mais conscientes desse caminho... Não que não houvesse os que sempre o conheceram. Por exemplo: os viajantes místicos certamente viveram em torno de Jesus, e muitos estiveram presentes na época dos cavaleiros templários. Nos dias de hoje, essas almas podem ser muito proeminentes, enquanto outras permanecem desconhecidas por todos, a não ser por nossos Criadores (e, em essência, é isso o que importa). Na verdade, você pode ser um viajante místico ou uma entidade com missão de vida e não dar um nome a isso, mas acredito que batizar as coisas e ter em mente nossos objetivos faz com que os alcancemos mais rápido.

Peregrinos e pioneiros

Todos os viajantes místicos costumam seguir um destes dois caminhos: *peregrino* ou *pioneiro*. Os peregrinos são os mais silenciosos, atuando nos bastidores para ajudar os outros. São as pessoas que trabalham nos hospícios, as que adotam crianças que ninguém quer, homens e mulheres que cuidam incessantemente de crianças e idosos.

Os pioneiros, por outro lado, costumam atuar em público e podem, inclusive, receber algum reconhecimento por seu trabalho. São eles que iniciam os movimentos espirituais, os professores ou escritores que espalham a palavra pelo mundo.

É entre essas duas categorias que as entidades com missão de vida atuam, já que sempre auxiliam os viajantes místicos em suas missões. Ao dedicar a vida a ajudá-los, cumprem sua própria missão. Mas, por favor, saiba que um não é melhor que o outro: a forma como o indivíduo prefere fazer evoluir sua espiritualidade em direção a Deus é deixada a seu critério. Entenda que nossos Pais nos amam, sejamos viajantes místicos, entidades com missão de vida ou nenhuma das duas opções.

Raramente alguém irá diretamente para o *status* de viajante místico sem antes ter sido uma entidade com missão de vida. Já que este livro é inteiramente dedicado ao primeiro, eu gostaria de analisá-lo de forma mais acurada um pouco mais adiante. Entidades com missão de vida são mais comuns; de fato, qualquer um que atue de forma consistente em favor do próximo pode entrar nessa categoria. E, para um observador que anseia pelos temas da vida (listados no próximo capítulo), aqueles que estão predispostos a desempenhar missões voltadas para Deus podem ser identificados logo de cara.

Viagem mística

Algumas almas são mais evoluídas que outras, e muitas delas nem têm consciência de serem entidades com missão de vida – ainda assim, escolheram uma missão *para cumprir* na vida. Benjamin Franklin e George Washington eram grandes entidades com missão de vida, assim como o pastor Billy Graham atualmente. Quase todos os negros escravizados e os judeus que estiveram em campos de concentração foram entidades com missão de vida; muitos deles se transformaram em viajantes místicos.

Você pode perguntar por que as entidades com missão de vida tendem a ser perseguidas. Bem, é porque elas são um reflexo da falta de humanidade deste planeta, como a caça às bruxas, a chamada limpeza étnica, o genocídio e muitas outras atrocidades. Essas almas escolhem vidas de dor na esperança de que a humanidade perceba esse fato e comece a proceder de forma diferente. Isso não significa que todas as entidades com missão de vida sofram, mas elas são, definitivamente, indivíduos de alma clara que amam a Deus e que chegam até nós como cordeiros para o sacrifício. Dessa forma, tentam ensinar ao mundo o que realmente significa escuridão, fibra moral e coragem.

Não acredito que muitas pessoas na Terra tenham aprendido tais lições, porque ainda há muito preconceito e fanatismo – lembre-se do drama dos índios americanos e de outros grupos étnicos. Tenho certeza de que você grita contra as injustiças tanto quanto eu. Tendo realmente a fazer isso em minhas palestras, mas, mesmo durante estas, sinto-me como se fosse uma peça da grande engrenagem que é o mundo; sinto-me pregando para o vento.

Se você nunca foi perseguido, isso não significa que esteja desqualificado para ser uma entidade com missão de vida. Essas almas constantemente questionam a si mesmas, tentando determinar se estão ou não no caminho certo. Muitas vezes assumem tarefas sem que isso, necessariamente, signifique que devam aturar a violência ou morrer como mártires. O médico ou pesquisador que descobre a cura de uma doença, os leigos que iniciam um grupo ou criam uma fundação para ajudar outras pessoas, ou que lutam por uma causa, os líderes ou políticos que saneiam o governo diante da corrupção são exemplos nos quais a missão escolhida é algo importante a ser realizado, uma mudança que trará melhora para a humanidade.

Outros exemplos de missões de vida: adotar uma criança, fundar um grupo de caridade ou até mesmo começar um negócio que gere empregos – existem várias formas. Quando você observa isso tudo bem de perto, percebe que quase todo mundo está envolvido em algum tipo de missão, mesmo que seja apenas sobreviver neste planeta tão negativo.

Se você é uma entidade com missão de vida, recebeu muitos dons de nossos Criadores; mesmo que não tenha o poder de ser um viajante místico, pode certamente lutar contra as trevas. E é a mais absoluta verdade que, se você escolher ser uma dessas almas, alcançará os patamares mais altos da espiritualidade. É exatamente o que você quer e o que o fará se sentir melhor e mais confortável. Por mais que eu diga, nunca será demais: o Pai e a Mãe Deus amam a todos nós da mesma maneira; você não precisa ser um viajante místico para agradar a Eles e fazê-Los felizes.

Todos nós viemos à vida para aprender e fazer o melhor que pudermos, mas depende de nós fazer com que nossa vida realmente signifique algo para nossos Pais e para nosso próprio crescimento. Em outras palavras, somos nós que queremos ou necessitamos do maior entendimento de nossa alma – Eles não nos pedem para fazer isso.

Se você não se tornar um viajante místico, isso não deve desencorajá-lo ou fazê-lo sentir-se inferior. Quando decide se tornar mais espiritualizado no geral, o que quer que isso signifique para seu Deus interior, já está no bom caminho. Você sempre terá os recursos necessários para tanto, ainda que seja apenas fazendo, questionando e estudando.

Viagem mística

Muitos amigos afirmam não ter opção; deixam que os outros façam suas escolhas espirituais por eles. Você não pode entregar a responsabilidade do crescimento de sua alma nas mãos de ninguém além de você mesmo – ainda que esse alguém seja um viajante místico ou uma entidade com missão de vida. Se decidir *não* se tornar um deles (ainda que a maioria das almas claras seja de entidades com missão de vida, conscientemente ou não), por favor, tenha em mente que a Mãe e o Pai Deus amam a todos nós igual e incondicionalmente. Você deve sempre querer elevar-se e melhorar para o bem da espiritualidade de sua alma e não para agradar a Eles. Tome suas próprias decisões e sinta-se bem com elas; assim, tudo se tornará simples.

Também é importante reparar que algumas pessoas podem ser viajantes místicos sem saber, enquanto outras podem ser *como* eles. Há inúmeros bons homens e mulheres neste mundo que realizam trabalhos significativos, e nem todos escolheram ser viajantes místicos. Para os que escolheram, é um estado muito poderoso e permanente. Muitas entidades com missão de vida realizam coisas extraordinárias na vida, mas não têm o poder, a movimentação e a liberdade que os viajantes místicos têm. E, de novo, digo: não acho que estar em uma missão de vida seja menor de qualquer forma; a maioria das entidades com missão de vida está mesmo muito evoluída e se alia a viajantes místicos. É justamente aí que está o poder das entidades com missão de vida: elas ajudam e oferecem alívio quando os viajantes místicos estão concentrados em problemas mais complexos.

Francine explica que aqueles que se tornam viajantes místicos clareiam ainda mais sua alma; porém, quanto mais clara a entidade, mais escuras as trevas contra as quais irá lutar (ou, devo dizer, mais estará ciente da escuridão). Ela também avisa que os viajantes místicos "não suportam negatividade, não toleram rudeza, não aguentam injustiças nem hipocrisia".

Minha guia espiritual acrescenta ainda que os viajantes místicos não são personagens de fotonovela, cheios de amor, doçura, luz e nada mais. Não; eles não são os guerreiros da retidão e da paixão pelo que é correto nem são aficionados e apaixonados mesmo estando errados. Ser um guerreiro não significa, necessariamente, ir para a guerra, mas os viajantes místicos perseveram em suas crenças e em sua luta contra as trevas.

Lembre-se: mesmo que você afinal decida não tomar o manto do viajante místico, sempre chamará aqueles que *têm de* ajudá-lo. E, se entender que esse é o caminho que deseja tomar, os próximos capítulos explicam a categoria mais a fundo, e podem até mesmo guiá-lo para que se torne uma alma mais evoluída.

Por fim, não importa o que você decida, este livro vai ajudar a melhorar sua vida!

Capítulo 1
A construção do viajante místico

O mais alto e mais avançado nível espiritual ao qual você pode chegar em vida é o de viajante místico. Mas não tenha medo: não é um estado caracterizado pela autoflagelação, por longos jejuns ou qualquer outra forma de punição (penitência, privação, sacrifício e solidão). Ser padre, freira, ministro, pastor ou rabino não garante que você se tornará viajante místico, e uma alma dessas não é automaticamente a alma de um santo – como afirma o dogma cristão. (No final, aprendemos que todo mundo que vai para o céu, para o Outro Lado, é santo, de uma forma ou de outra).

É fato que a maior parte de meus ministros conhece o fenômeno do viajante místico, mas *nem todos eles* tomaram o manto – e não há problema nenhum nisso. Por favor, ao ler este livro, não entenda nada do que eu disser como obrigatório. Isso é interessante, porque Francine diz que fazer o juramento do viajante místico é apenas e tão-somente para as almas que sentem que precisam ser "mais" – elas sentem uma agitação, como se um alarme soasse, instigando-as a fazer algo mais grandioso, mas não sabem o nome dessa sensação. Claro que aqueles que não escolherem ser uma entidade com missão de vida, ou um viajante místico, ainda assim avançarão na direção de Deus.

Como eu disse anteriormente, tornar-se um viajante místico não é empreitada para os de coração fraco... na verdade, o começo é muito, muito difícil. O juramento não deve ser feito levianamente, porque marca sua alma para o Pai e a Mãe Deus, alinhando-a de forma mais especial com Eles. Com esse juramento, de um jeito ou de outro, você passará a integrar seu exército. Pense em ter a Mãe Deus como sua comandante depois que aceitar o manto.

—

Já que não são tantos os que optam por se tornar viajantes místicos, e já que menos ainda são aqueles que são criados assim, você pode se perguntar o que é que atrai algumas almas a um nível tão alto de espiritualidade. Acredito que a maioria daqueles que se tornam viajantes místicos pode dizer que sentiu, em suas últimas vidas, uma força superior indicando que esse era seu caminho.

Existem várias razões para que isso aconteça. Em primeiro lugar, antes de uma alma encarnar pela última vez, já terá demonstrado a necessidade de avanço espiritual várias e várias vezes. Em segundo lugar, a existência final neste plano é também a última oportunidade para se tornar um viajante místico noutro reino que não o Outro Lado. Em terceiro, quando a alma já encarnou todas as vezes que deveria, acumulou uma grande carga de sabedoria. Parte dessa sabedoria é o entendimento de que nossos Criadores nos amam incondicionalmente e jamais nos pediriam para fazer algo além do que já decidimos fazer, nem nos dariam um fardo maior do que podemos carregar.

Ainda que estejam em sua última vida neste planeta, os viajantes místicos podem ser requisitados para ir, a qualquer momento, aos mais variados pontos da galáxia para consertar as coisas. De acordo com Francine, em outros mundos não existem doenças, guerras e caos como na Terra; então, no mínimo há algum consolo para aqueles que *tomaram* o manto em saber que não terão de morar em nenhum planeta com o mesmo nível de insanidade deste.

Além disso, os viajantes místicos têm abundância de poderes de cura, seja através das palavras ou da imposição das mãos. Já que simplesmente atuam de acordo com a vontade da Mãe e do

Pai Deus, Sua graça flui por intermédio desses indivíduos da forma como quiserem salvar ou ajudar o próximo.

Quando você se torna um viajante místico, não significa que automaticamente se torna um curandeiro ou vidente, mas isso, eventualmente, acontecerá. O que quer que decida fazer com seus dons depende só de você, mas certamente se sentirá mais tomado pelos conhecimentos espirituais e, desse modo, será capaz de escrever sobre sua jornada e ajudar outras pessoas com o que aprendeu. Nem sempre você terá razão, mas estará mais vezes certo do que errado.

Tenha sempre em mente que até mesmo Jesus foi criticado, chamado de servo do mal e de charlatão. Apesar de ser o Messias, seus detratores não conseguiam enxergar que a verdadeira missão de Jesus era libertar todos das amarras deste mundo e fazê-los compreender que a vida é passageira. Ainda que tenha sido crucificado, ele triunfou no final.

Este mundo é inconstante, e o amor que você recebe num minuto, no outro, pode se tranformar em desdém. Mas você pode superar isso permanecendo firme, focado e mantendo-se sempre honesto. Se falhar, seja franco, pois as pessoas tendem a perdoar tudo, menos uma decepção. Acima de tudo, nunca se considere maior ou melhor que os outros. Se o fizer, se tornará cheio de orgulho e certezas vazias. Quem é você para desprezar os outros? Lembre-se de que, em algumas de suas encarnações passadas, é bem provável que tenha sido tão ruim quanto as pessoas que agora julga severamente.

Os seis níveis da caminhada do viajante místico

É sabido que existem níveis do Outro Lado, e que os indivíduos escolhem caminhos para chegar até Deus. Mas, por favor, entenda que as entidades no terceiro nível do Outro Lado podem ser tão avançadas quanto aquelas que estão no nível seis. Esses níveis são mais de natureza ocupacional: se você quiser trabalhar com animais, deve ir para o terceiro nível; se preferir ser um pesquisador, deve ir para o quinto nível; se gostar mais de ensinar, seu nível será o sexto – e assim por diante. (Para uma explicação mais detalhada sobre cada um dos níveis no Outro Lado, por favor, leia meu livro *Exploring the Levels of Creation* (*Explorando os níveis de criação*).

Deixe-me fazer uma pausa aqui e declarar que, se tudo o que você fez foi viver a vida e depois ir para um dos sete níveis do Outro Lado, então terá se aperfeiçoado com excelência aos olhos de Deus. Aqueles que não deixaram em aberto a opção de ser um viajante místico têm algo em sua alma que os impele na direção de níveis mais altos de espiritualidade. Certamente não há nada de errado em levar uma existência comum, e você também tem ganhos espirituais em uma vida dessas – mas, quando se torna um viajante místico, tem mais ganhos espirituais do que o normal. É o mesmo que dizer que ser um viajante místico é estudar em Harvard em vez de fazer uma faculdade qualquer.

Assim como existem níveis do Outro Lado, existem níveis em sua caminhada como viajante místico. São níveis sequenciais e funcionam como estágios. Aqui estão eles, dispostos em ordem:

1 – O primeiro nível é o do conhecimento subconsciente (eu deveria dizer "superconsciente"), algo em sua alma que implora por atenção. Ele está dizendo que você precisa avançar para um nível mais alto de espiritualidade, mas não precisa necessariamente saber que está sendo chamado para ser um viajante místico.

2 – O segundo nível consiste em reconhecer que você deseja ser um viajante místico, mesmo que ainda não saiba exatamente que nome dar a isso.

3 – O terceiro nível é uma queda-de-braço com a consciência de tornar-se uma entidade avançada espiritualmente, o que pode implicar ter de receber o conhecimento necessário por imersão.

4 – O quarto nível é o da tomada do manto do viajante místico, que é recebido ante a total aceitação das vontades de Deus. Uma vez que comece a trilhar esse caminho, não há nada que você possa fazer para voltar atrás, alterar ou negar todo o processo. Como eles dizem, "que seja como está escrito". Nesse estágio não há validação – somente a aceitação de seu dom e de tudo o que ele provoca.

5 – O quinto nível é o da ativação do dom de ser um viajante místico. Isso significa que você fará o que for decidido por Deus. Lembre-se de que tal *status* não atrapalhará seu caminho para Deus; apenas o fará mais longo e intenso. Você deve ter sempre em mente que, mesmo antes de vir a esta vida, já havia se inscrito para ter a oportunidade de se tornar um viajante místico ou uma entidade com missão de vida.

6 – O sexto e último nível é a "graduação", ou seja, ir para o Lar e assumir sua próxima tarefa. Depois que passar pelo processo de orientação do Outro Lado, você irá para onde Deus desejar.

À medida que superam os níveis, os viajantes místicos constatam o aparecimento de uma estrela dourada no lugar onde se diz que temos o terceiro olho. Ela não é visível, mas sua alma a reconhecerá.

Não há nada uniforme sobre essas entidades: podem ser pessoas altas ou baixas; de pele escura ou clara; de qualquer raça, religião, credo, sexo ou orientação sexual. Ainda que não haja como identificar os viajantes místicos por sua aparência física ou por seu passado, você pode dizer quem são pela forma como administram a vida e pelo exemplo que dão aos outros. Às vezes uma boa quantidade deles converge para um mesmo lugar do mundo físico – isso costumava acontecer em regiões litorâneas –, mas, à medida que aumentou o número de despertares espirituais, começaram a surgir em grande quantidade por todas as partes dos continentes.

Não existe uma idade propícia para que alguém se torne um viajante místico; eu mesma, por exemplo, não tomei o manto até completar 50 anos. Mesmo assim, acredito que a existência individual foi quase que organizada para que sigamos esse caminho. Por exemplo: como muitos de vocês, sempre tentei viver bem, ensinando, ajudando as pessoas, assumindo minhas responsabilidades e amando a Deus. Como mencionei antes, apenas por cuidar de amigos e familiares e por tentar levar harmonia e verdade ao próximo, ainda que em pequena escala, o indivíduo já está no nível de um viajante místico.

Francine diz que nunca se ouve falar que essas almas avançadas perderam o juízo por aí ou caíram em depressão profunda por muito tempo, ainda que sua sensibilidade, em determinados momentos, possa não extrair o melhor dos outros. Fazer o juramento e tomar o manto sagrado com certeza não é fácil, mas sempre é feito espontaneamente.

Os viajantes místicos podem vacilar? Claro que sim. Veja só Jesus no Getsêmani quando pediu a Deus para afastar a dor e o calvário que sabia que teria de enfrentar. Mas sabemos que a resposta a nosso vacilo será sempre *não*, pois Jesus é o viajante místico supremo: ele sempre dirá: "Assim seja".

Enquanto progridem na vida, os viajantes místicos recebem todos os tipos de bônus – proteção, maior frequência de *insights*, o dom da profecia ou até mesmo da cura – pelo fato de serem quem são e por emanarem energia positiva e "colunas de luz". Claro que os viajantes místicos não são os únicos que podem fazer isso, pois é apenas uma prática consciente do Espírito Santo a de enviar cintilantes colunas de luz com a seguinte mensagem: *Onde quer que eu ande, pararei e erguerei colunas de luz que reflitam o Espírito Santo e esgotem toda a negatividade e toda a escuridão.*

Todas as manhãs cerco-me da luz branca do Espírito Santo e deixo essas colunas de luz se derramarem pelas escadas, quartos de hotel, escritórios e em qualquer outro lugar aonde eu vá.

Sylvia Browne

Disseminando a luz

Francine diz que as almas dos viajantes místicos progridem através de suas vidas, e assim tentarão reunir em torno de si entidades similares, que estão sempre presentes na Terra ou voltando de outras viagens. Os viajantes místicos parecem saber, instantaneamente, quando outros como eles precisam de ajuda... É como se fosse um SOS espiritual. Esses indivíduos avançados encontram-se uns com os outros na vida, ainda que não saibam como nomear sua condição. Não há segredo nenhum, nem lugares especiais de encontro, nem rituais ocultos para os viajantes místicos – eles simplesmente saem pelo mundo, espalham sua luz e ajudam os outros.

Falando em espalhar luz, qualquer um pode praticar a meditação a seguir, mas, se você já tiver tomado o manto do viajante místico, essa meditação lhe será mais proveitosa. Eu a chamo de "Sendo um com o Universo":

> Comece sentando-se de pernas cruzadas e pousando as mãos, com a palma virada para cima, nas coxas. Quero que você chame todas as hostes celestiais: Deus, o Pai; Jesus Cristo e a querida Mãe Deus (também conhecida como Azna).
> Você está em um lugar muito silencioso e escuro. É noite. Você não sente medo, porque a escuridão a sua volta o protege. Está ali, sentado no escuro, e anseia por iluminação. Ao longe, no céu, incidindo diretamente no seu terceiro olho, aparece um ponto de luz tão pequeno que, num primeiro momento, você pensa que desaparecerá num piscar de olhos. É quase como se alguém enfiasse um alfinete em um traje de veludo. Você pisca... mas o pontinho ainda está lá.
> Visualize esse pontinho de luz azulada. Você fica ali sentado, olhando fixamente para ele, com uma intensidade que quase faz escorrer lágrimas dos olhos. O pontinho começa a ficar cada vez

maior – em um instante, um raio de luz azul-prateada se lança através da escuridão, penetrando pela noite escura e se aninhando, gentilmente, em seu eu interior.

De repente, você se dá conta de que há milhões de luzes pequeninas, como vagalumes, pontilhando o céu noturno. Você se sente bombardeado, da forma mais maravilhosa que há, por esses pontinhos de luz que atingem partes diferentes de seu corpo, como raios *laser* que eliminam toda a escuridão. Todos esses vagalumes iluminados agora parecem dançar em volta de você.

Ao longe, você ouve uma música inacreditável, muito suave no começo, mas cuja batida começa a aumentar, como se você fosse alcançado por uma onda. Quase pode sentir o som vencendo as moléculas do espaço para chegar mais perto de você. Cada fibra de seu ser está alerta, e a adrenalina corre em suas veias, alcançando todas as partes do corpo.

Você sabe que está em sinestesia com o Universo – e não é apenas uma parte sua; você todo é parte de algo maior. E o Universo está alerta porque você alcançou esse estado... todas as sensações, emoções e bênçãos estão sobre você agora. Acima de tudo está Deus, que observa tudo a distância. O que é quase milagroso é que o Grande Cuidador observa, do presente, tanto o passado quanto o futuro.

Agora faíscas saem dos dedos, e a luz também parece estar dentro de seu corpo. Você recebeu a habilidade da cura, além de ter sido eternizado junto à luz que foi criada e que vem de Deus.

Você fica nesse lugar, iluminado. Brilha como um cavaleiro de prata: protegido por uma armadura, sorridente, fervoroso, leal, honrado, dedicado, constante, responsável, e ainda tem uma espada brilhante. Sinta sua perenidade. Sinta sua continuidade. Sinta seu poder. Em nome da Mãe Deus, do Pai Deus e de Jesus, peça que eles o ajudem, a partir deste dia, a curar, confortar e permanecer em santidade.

Levante-se, sentindo-se absolutamente maravilhoso... repleto de toda a sabedoria, inpiração e cura.

Os temas da vida e o viajante místico

Quando você aceitar o manto do viajante místico, verá mudanças imediatas. Mas levará pelo menos um ano para que mergulhe na alma e viaje por velhas feridas e lembranças ruins, que virão de todas as vidas passadas. Além disso, você precisará se esforçar em dobro para continuar servindo apenas aos propósitos de Deus. O seu lado humano pode até ter dúvidas sobre sua competência para continuar fazendo isso, especialmente quando começa a se perguntar: "Mas... e se Deus for contrário a tudo o que eu quero?". Bem, eu passei por isso também, e é uma preocupação válida. Seu caminho ainda será o mesmo, apenas mais intenso; o envolvimento com as pessoas e suas necessidades se tornará imperativo em sua vida.

Agora que você se tornou um viajante místico, isso pode sobrepor-se aos temas de sua vida (que estão detalhados no final do capítulo), e, assim, estes podem não ter tanto impacto em sua caminhada. Por exemplo: meus temas são "humanitária" e "solitária" – ainda assim, quando tomo o manto, o tema "solitária" se vai e "humanitária" se torna mais importante. Ainda sou quem sou, com meu caminho intacto, mas ser uma viajante mística acentua tudo. Lembre-se de que não me tornei uma viajante mística até completar 50 anos... De repente apareceram compromissos para palestras, escrevi meu primeiro livro e comecei a fazer 30 ou 40 apresentações por ano, nos mais variados lugares.

Ainda assim, mantive-me em meu caminho: continuo mãe e avó, vivo no mesmo lugar, tenho os mesmos empregados. Faço compras, cuido de meus cães, saio para jantar com os amigos, gosto de artesanato e de todo o resto. O que estou tentando demonstrar é que aqui estou eu, ainda sou a Sylvia, mas agora sou mais a Sylvia que se apresenta no *Montel*, que escreve, que dá palestras, que faz as coisas acontecerem.

Se você se tornar um viajante místico, será obrigado a frequentar uma igreja e a rezar aos céus? Não, mas *será* chamado a testemunhar por nossos amorosos Criadores e precisará espalhar seu testemunho pelo mundo. É por isso que eu disse que, se você prestar atenção, será capaz de saber quem são os viajantes místicos. Essas almas vivem boas vidas, que servem de exemplo a todos, e ainda fazem grandes trabalhos. Assim, se você se mantiver alerta, poderá esbarrar nelas em seu cotidiano.

Existem muitos ministros em minha igreja (a Sociedade dos Novos Espíritos), como Loren e Virgínia, do nosso setor em Seattle, que já eram viajantes místicas antes mesmo de conhecerem esse termo. Um viajante místico sempre reconhece outro, então eu, com muita clareza, reconheci John e Gloria Amman, assim como muitos outros membros de nossa organização em Campbell, Califórnia. Alguns fizeram o juramento e seguiram em frente, mas sempre o trazem junto de si, não importa aonde vão. Por exemplo: uma pessoa escreve um livro espírita, enquanto outra segue carreira em tecnologia e traz luz e conhecimento a todos nós. Não estou falando apenas de meus ministros, mas de todos os leigos que foram às nossas igrejas, mesmo que só uma vez, para depois seguir pela vida com seus mantos, fazendo do mundo um lugar melhor.

Ainda que tomar o manto exija dos viajantes místicos entregar-se aos desejos de Mãe e Pai Deus, como parte de seu comprometimento para com Eles, esse compromisso pode assumir diferentes formas. Parece que todas as entidades avançadas têm especialidades e atuam em seus campos com algo que se aproxima muito do que chamamos de paixão. Não há um melhor que o outro: alguns viajantes místicos escolhem prosseguir com mais de uma de suas paixões, e as especialidades parecem interagir. De qualquer forma, para fins de informação, geralmente os viajantes místicos acabam caindo em uma ou mais destas categorias: cuidadores de alguma maneira, batalhadores por alguma causa, curandeiros, humanitários, profetas ou videntes, ou pessoas que resgatam outras. Todas atividades nobres, que beneficiam a humanidade de uma forma ou de outra.

São pessoas do tipo de Madre Teresa, que resgatam os semelhantes e cuidam deles, curam essas pessoas e as ajudam em suas necessidades mais extremas. Se não puderem fazer mais nada, estas são as pessoas que ajudam as outras a sofrer com dignidade. Elas administram hospitais para crianças e idosos, cuidam dos doentes e dos que estão à beira da morte. São os homens e as mulheres que iniciam fundações ou que providenciam casas para os sem-teto. São os curandeiros – médicos, enfermeiras, conselheiros e até mesmo os que usam a imposição das mãos para realizar curas espirituais. São os indivíduos que podem prever o futuro e, assim, divulgar informações vindas de Deus para ajudar o próximo a tomar decisões corretas e a viver melhor. São também as pessoas que erguem a voz contra injustiças, como Martin Luther King, Abraham Lincoln e outros.

Esses trabalhos são realizados todos os dias por habitantes deste mundo, e são manifestações de Deus através de Suas criações. Você poderá encontrar viajantes místicos entre os milhões que realizaram (e realizam) boas tarefas. Alguns são fáceis de reconhecer, como os que acabamos de mencionar, mas a maioria não se torna famosa, porque não é a fama o que procura. Se acabam se tornando famosos, isso é apenas um efeito do enorme impacto que causaram em tantas, tantas vidas.

Essas almas avançadas parecem vir a esta vida com um propósito singular, e isso é, positivamente, uma mudança para o mundo. Não importa quão pequena seja essa mudança, ainda faz a diferença. Vamos dizer, por um momento, que existam dois pais que o público em geral desconheça, mas que ambos abraçaram a espiritualidade para criar um viajante místico. Só esse fato já os coloca também no nível dos viajantes místicos. Seus nomes não estarão em néon na marquise, mas eles passam a vida erguendo colunas iluminadas de espiritualidade, quase sempre sem saber que o fazem – simplesmente porque são boas pessoas.

Os viajantes místicos acabam sendo grandes professores, quase sempre vivendo vidas exemplares. Junto com uma série de ocupações que são capazes de ter, essas entidades também podem liderar pessoas, mas geralmente farão isso de forma discreta. Sua liderança tende a acontecer mais nos bastidores, quase sempre por meio da palavra, falada ou escrita. Nunca fazem autopromoção ou mostram ganância, avareza ou ciúme; lutarão contra os falsos profetas ou as autoridades nocivas que abusem de seu poder ou que atraiam seguidores por meio da divulgação de informações enganosas.

O manto do viajante místico põe fogo na alma, mas junto com esse entusiasmo você também ganha mais resistência e felicidade. Sim, você ainda pode se ferir e sofrer nas mãos dos céticos que tentam difamá-lo, mas a alegria trazida por seu amor pelo mundo leva os difamadores odiosos a desaparecer simplesmente (falarei mais sobre como lidar com os descrentes no Capítulo 8).

É interessante notar que cada um dos grupos que mencionei poucas páginas atrás também são temas da vida, mas isso não faz, necessariamente, com que todos os que assumiram temas tais como cuidador, defensor de causas, curandeiro, humanitário, vidente ou resgatador se tornem viajantes místicos. De qualquer forma, acredito que seja de grande ajuda listar aqui todos os temas da vida. Dessa maneira, sendo um viajante místico, você pode se familiarizar com cada um deles e, assim, entender com mais facilidade o tipo de pessoa que pode se tornar. De novo, preciso lembrá-lo de que somos todos os mesmos na mente divina, e que para Deus ninguém é melhor que ninguém.

(Por favor, perceba que alguns dos temas fazem referência ao tipo de pessoa [como **ativador** ou **solitário**], enquanto outros fazem referência à tendência, condição ou predileção [como **perfeccionismo** ou **intelectualidade**.])

Os 47 temas da vida da humanidade

1 – Ativadores. O foco aqui é realizar tarefas que outros não conseguiram completar. Elas podem ser realmente enormes ou servis, mas o objetivo principal, sempre, é ir até o final e de forma correta. Os ativadores, muitas vezes chamados de ativistas, são os artistas do limite, os "resolvedores de problemas" do mundo – aqueles que sempre dão um jeito de não fracassarmos. Claro que essas entidades são muito requisitadas e, por isso, tendem a se espalhar por aí. Os ativadores fazem tudo o que está a seu alcance para direcionar energia para o cumprimento de tarefas em que haja a oportunidade de alcançar uma existência que realmente gere mudanças benéficas para todos.

2 – Estetas. Música, teatro, pintura, escultura e literatura estão incluídos nesta categoria. Um esteta não deve ser confundido com alguém com "certa queda" para isto ou aquilo. Aliás, quando há um tema estético, a entidade é guiada pelo talento inato. A necessidade de criação se manifesta na mais tenra idade e domina toda a vida do indivíduo.

3 – Analistas. O resto de nós aprende com o contínuo escrutínio de cada mínimo detalhe dos analistas, porque eles querem saber absolutamente tudo sobre cada assunto, incluindo como cada coisa funciona e por quê. Os analistas têm medo de não entender algo ou de que algum detalhe passe despercebido, então se dão muito bem no terreno da ciência ou da tecnologia, em que seu talento é fundamental. Nas situações cotidianas, seus desafios são deixar a coisa fluir e crer nos próprios sentidos. Depois de um discreto exame do comportamento alheio, os analistas pedem ao Espírito Santo iluminação para transcender as evidências físicas.

4 – Piqueteiros. Os oficiais graduados deste tema podem ser encontrados à frente de piquetes, demonstrações ou fazendo *lobby* – essas entidades também se lançam em batalhas contra injustiças. A chave para o sucesso é ter moderação, tato e discernimento – é muito melhor para essas entidades selecionar uma causa e ir a fundo nela do que avaliar o impacto de muitas delas.

5 – Construtores. Essas entidades são alicerces de suas comunidades, heróis e heroínas anônimos nas guerras, na vida doméstica e em muitas organizações. Nossos Pais Deuses são construtores, que dão aos filhos o dom de alçar voos mais altos. Sem essas engrenagens, a roda da sociedade jamais giraria – ainda que os construtores raramente recebam crédito por seu sucesso, que só alcançam graças ao próprio esforço. Precisam ter sempre em mente que nem sempre se ganha o prêmio final neste plano da existência – e que muitos daqueles que recebem os créditos na Terra às vezes não têm as mesmas qualidades que os construtores, mas os ajudam a cumprir suas tarefas.

6 – Cuidadores. Como o próprio nome diz, essas entidades cuidam de pessoas, geralmente com muita satisfação (Rose, minha babá, cuidava de nosso lar, levava-me para a escola quando eu era pequena e passou toda a vida como parte da família. Chegou a se casar, mas o marido morreu na Segunda Guerra. Então, ela se tornou muito próxima de minha avó, e, assim, acabou cuidando de nossa família).

7 – Catalisadores. Aqui estão os agregadores e os inovadores, os agentes da mudança, que fazem as coisas acontecerem. Os catalisadores são os alunos mais populares da escola, aqueles que todo mundo quer ser, os convidados para todas as festas, que garantem a diversão. São essenciais à sociedade, pois trazem inovação (como Ralph Nader, por exemplo); geralmente têm energia de sobra e se saem bem mesmo sob pressão. Precisam de um palco para se exibir, caso contrário se tornarão morosos e contraproducentes.

8 – Batalhadores. O número de cruzadas é infinito – paz, baleias, fome e assim por diante –, e o batalhador lutará por todas elas e ainda criará mais algumas. Essas entidades têm a enorme habilidade de dar voz aos que talvez estejam muito assoberbados com os próprios temas para dar a devida atenção às causas sociais. Tendem a ser um tanto impulsivas, o que pode colocá-las, e aos outros, na berlinda, então é essencial que considerem a possibilidade de que às vezes as causas que defendem são bem, bem menores que seu ego.

9 – CONTROLADORES. O desafio para essas entidades é óbvio. Napoleão e Hitler eram exemplos típicos da manifestação completa desse tema, no que ele tem de mais negativo. Os controladores se sentem compelidos não apenas a dirigir o espetáculo, mas também a dizer aos outros como lidar com tudo, mesmo com os menores detalhes de sua vida. Para se aperfeiçoar, essas entidades precisam aprender a ter autocontrole, comedimento.

10 – EMOTIVOS. Picos de euforia e depressão devastadora – e todas as outras nuances emocionais que ficam entre os dois extremos – serão uma constante na vida das entidades atingidas por esse tema. A capacidade de alcançar extremos emocionais quase sempre é uma característica dos poetas e artistas, e isso realmente aumenta seu potencial criativo, ao mesmo tempo em que se torna uma grande desafio. Há que se reconhecer a necessidade de equilíbrio para que se possa exercer o autocontrole intelectual.

11 – EXPERIMENTADORES. Não é incomum que essas entidades vão de *hippies* a presidentes de banco e a navegadores solitários, que vagam pelo mundo em um barco feito com as próprias mãos. Experimentam tudo o que estiver a seu alcance e atingem muitos de seus objetivos. Para elas, a riqueza é só um subproduto de seu multifacetado crescimento (Howard Hughes é um ótimo exemplo). Os experimentadores precisam estar em grande forma, então devem sempre se cuidar impecavelmente.

12 – FALÍVEIS. As entidades com esse tema parecem estar sempre no lugar errado, na hora errada, e estão sempre em desvantagem física, mental e emocional. Helen Keller, que quando criança contraiu uma febre que a deixou cega e surda, é um ótimo exemplo – seu sucesso em superar as chamadas deficiências é uma inspiração para todos. É importante que as entidades com o tema da falibilidade sempre se lembrem de que escolheram esse caminho para servir de exemplo para o resto de nós.

13 – Seguidores. Inicialmente, essas entidades podem preferir ser líderes, mas, em algum momento, decidiram não se comprometer de forma total. O desafio do seguidor é entender que a liderança é impossível sem alguém que reconheça sua importância. Elas se aperfeiçoarão quando aceitarem as próprias escolhas e derem todo o suporte possível ao líder. Também precisam ter discernimento para escolher de forma correta quem e o que seguir.

14 – Harmonizadores. O equilíbrio é de importância vital para esse tema, e tudo deve ser feito para que seja mantido. Seus sacrifícios pessoais são admiráveis até certo ponto, mas o verdadeiro desafio é aceitar os problemas da vida. Lembre-se: o que não pode ser mudado deve ser adaptado e aceito.

15 – Curandeiros. Essas entidades naturalmente se voltam para as profissões que envolvem a cura, seja ela física ou mental. O bem que fazem é óbvio, e o único perigo é o de se envolverem demais. É imperativo que o curandeiro aprenda a se distanciar para que não passe a vida se machucando.

16 – Humanitários. Enquanto os **batalhadores** e os **piqueteiros** reclamam dos crimes contra a humanidade, os humanitários vão à luta. Estão ocupados demais fazendo curativos, ensinando, cuidando e salvando para ter tempo para protestos. Os que estão nesta categoria não estão preocupados em conceituar o mal: tendem a perdoar a todos, por tudo. Os humanitários raramente ajudam apenas a família e os amigos; tendem a ajudar os que estão distantes e aqueles que os cercam. Assim, sofrem com os perigos de se doar demais. O desafio para um humanitário – meu desafio, aliás – é evitar se machucar, tanto por narcisismo quanto por excesso de zelo.

17 – Infalíveis. As entidades nesta categoria nascem ricas, atraentes, espirituosas. Ainda que consideremos que tanta perfeição seja o objetivo de todos nós, descobriremos que esse tema é um dos mais desafiadores. Sempre existirá a tendência a se entregar a todo tipo de excesso; é quase como se essas entidades quisessem testar o destino. Curiosamente, pode haver alguma perda de autoestima, o que gera, naqueles que têm como tema a infalibilidade, o medo de não serem amados como indivíduos. Seu objetivo é aceitar do fundo do coração seu tema e aprender a viver com ele.

18 – Intelectuais. Aqui está o tema do estudante profissional. Charles Darwin – que usou o conhecimento adquirido durante anos de estudo intenso para experimentar, criar teorias e, eventualmente, publicá-las – é um ótimo exemplo. Mas, já que o conhecimento para o próprio crescimento (principalmente profissional) é um objetivo entre os intelectuais, sempre existe o perigo de que o conhecimento que buscam tão ardentemente, e tão duramente adquirem, os leve a lugar nenhum.

19 – Irritantes. Gente que, deliberadamente, caça erros alheios, as entidades sob esse tema são fundamentais para o crescimento alheio, pois em sua companhia todos somos forçados a aprender sobre a tolerância e a paciência. Além disso, há que se ter cuidado para não embarcar em seu insistente pessimismo. Os que convivem com essas entidades precisam se prevenir para não julgar e sempre ter em mente que, enquanto os irritantes se aperfeiçoam em seu tema, criam as circunstâncias propícias para que cada um de nós se aperfeiçoe nos nossos próprios.

20 – Justiceiros. A maioria dos Pais Fundadores dos Estados Unidos preocupava-se com a justiça e a igualdade, e são bons exemplos para esse tema, pois se engajavam em ajudar e não hesitavam em usar o peso de seus nomes sempre que presenciavam algum tipo de injustiça. Por mais admirável que isso pareça – e é mesmo –, é imperativo que essas entidades sejam discretas em suas escolhas e permaneçam focadas nos desejos de Deus.

21 – Lícitos. Praticar ou ensinar o direito é uma escolha óbvia para essas entidades. Parte delas está sempre obcecada com assuntos que envolvem a legalidade, enquanto outra parte pode ser encontrada envolvida em assuntos governamentais. Quando se elevam, essas almas mantêm o mundo seguro e equilibrado, mas precisam estar sempre atentas para não usar seus poderes em benefício próprio.

22 – LÍDERES. Os que estão sob esse tema possuem autocontrole, agem de forma premeditada e raramente são inovadores. Optaram por tomar a frente em áreas que já estão estabelecidas. São guiados para o sucesso mais do que para a criação, e seu principal objetivo é tomar cuidado para não usar seu poder de forma abusiva.

23 – SOLITÁRIOS. Apesar de estarem sempre na vanguarda da sociedade, os que estão sob esse tema invariavelmente escolhem ocupações e situações que, de uma forma ou de outra, os mantêm isolados (esse é meu tema secundário; ser vidente me mantém afastada dos outros). Os solitários geralmente são felizes consigo mesmos, mas devem estar sempre atentos a sua irritação quando há pessoas em sua volta. Se cada um dos temas reconhecer a presença e o significado dos outros, o resultado será a tolerância e o entendimento e – no final – a paz.

24 – PERDEDORES. Extremamente negativos, apesar de não se parecerem com as entidades sob o tema da **falibilidade**, pois não nasceram com desvantagens. Frequentemente os perdedores têm muitos pontos positivos, mas escolheram ignorá-los. Apesar de seu tema torná-los parecidos com as entidades sob o tema da **irritabilidade** (pois estão sempre lançando aos quatro ventos suas críticas em vez de ficarem irritadas), adoram suspirar pelos cantos: "Pobre de mim". São mártires e transitam de uma novela mexicana para outra. É importante que não julguemos aqueles que estão sob esse tema, pois devemos sempre nos lembrar de que escolheram essas características justamente para permitir que nos aperfeiçoemos – e que, ao observá-los atuando no mundo, aprendamos a ser mais positivos.

25 – MANIPULADORES. Um dos temas mais poderosos, porque os manipuladores são facilmente capazes de controlar situações e pessoas. Por enxergarem o mundo como se fosse um tabuleiro de xadrez, os que estão sob esse tema podem mover indivíduos e circunstâncias para sua própria vantagem, como se fossem meros peões (o presidente americano Franklin D. Roosevelt era um excepcional exemplo de manipulador em ação). Quando uma pessoa dessas trabalha pelo bem do próximo, esse tema serve aos mais altos propósitos. Entretanto, quando é usado para o mal, o aperfeiçoamento da entidade é uma estrada bem longa e difícil de ser percorrida.

26 - Passivos. De forma muito surpreendente, as entidades sob esse tema são até bem ativas – mas apenas em áreas sem importância. Apesar de tomarem uma ou outra posição de vez em quando, é sempre de forma não violenta. Claro que os extremos são perigosos para os indivíduos, mas alguma tensão é necessária para que, através dela, possamos aperfeiçoar nossa alma.

27 - Pacientes. O tema da paciência é claramente um dos caminhos mais difíceis para o aperfeiçoamento, e os que estão sob ele parecem desejar mais alcançar a realização do que os que escolheram temas menos desafiadores. Muitas vezes as entidades sob esse tema sentem uma parcela de culpa sempre que percebem ter escapado um pouquinho de seu tema, sendo um tanto impacientes. Essa atitude pode levá-los ao desgaste e à repressão da raiva. Tais entidades precisam ser mais generosas consigo mesmas, pois é muito difícil viver sob essas pressões.

28 - Peões. Não importa se com conotação positiva ou negativa, os peões desafiam algo de grande magnitude apenas por existir (a figura bíblica de Judas é um exemplo clássico). Não se pode avançar rumo ao aperfeiçoamento sem os peões, mas as pessoas que escolheram viver sob esse tema devem preservar a própria dignidade, escolhendo cuidadosamente suas causas.

29 - Pacificadores. Essas entidades não são tão tranquilas quanto seu nome dá a entender. Os pacificadores se tornam um pouco mandões em sua busca incessante pela paz – trabalham sem parar pelo fim de todas as guerras, alcançando mais gente do que aqueles que escolhem a **harmonia** como tema. Seu objetivo de perseguir a paz vai muito além de um grupo particular ou um país específico.

30 – Perfeccionistas. Todos nós devemos almejar limpeza e ordem em nossa vida, mas as entidades sob esse tema tendem a ir além, sendo muito inovadoras em seu trabalho e com isso economizando tempo e dinheiro. Os perfeccionistas também tendem a exigir mais de si mesmos que de qualquer outra pessoa. Exigem fazer tudo certo, sem chance de engano. Acreditam que, se vão fazer algo, que seja da maneira correta. Se chegam ao ponto de ser obsessivos e compulsivos, isso se torna um problema, por isso esse tema deve ser encarado de forma equilibrada. Os perfeccionistas às vezes precisam se forçar a dar um tempo em seus trabalhos e demais atividades e fazer uma pausa para recuperar as forças.

31 – Desempenhadores. Os que vivem sob esse tema acham que é altamente recompensador, ainda que um tanto exaustivo. Essas entidades são as verdadeiras "almas da festa" – alguns inclusive farão carreira no mundo do entretenimento, mas outros simplesmente ficarão felizes por entreter amigos e circunstantes em casa e no local de trabalho. O desafio para os que vivem sob esse tema é combater a relutância em olhar para seu interior, aprendendo a cuidar de si mesmos e a nutrir-se.

32 – Perseguidos. As entidades que atuam sob esse tema passam pela vida sempre antecipando o pior, certas de que estão sendo perseguidas. Qualquer experiência prazerosa as leva a um estado de pânico, porque estão convencidas de que, de alguma forma, pagarão caro por isso... Esse tema tão espinhoso é escolhido para que os outros sejam alertados sobre a necessidade que todos temos do crescimento espiritual.

33 – Perseguidores. Aqueles que são perseguidores em seus temas podem variar de espancadores de mulheres a abusadores de crianças, passando por assassinos em massa. É muito difícil ver o propósito desse tema dentro de uma única vida, mas essas "sementes ruins" têm um papel, escolhido por elas mesmas, a desempenhar: habilitam a humanidade a caminhar rumo ao aperfeiçoamento espiritual. Mais uma vez é imperativo que não julguemos essas pessoas.

34 – Pobreza. O mote da pobreza aparece quase sempre nos países em desenvolvimento, ainda que possa ser um desafio ainda maior em sociedades ricas. Algumas entidades sob esse tema podem ter todas as necessidades materiais atendidas e, ainda assim, sentirem-se pobres. Com o tempo, a sofreguidão é lentamente substituída por uma sensação de alegria, enquanto a realização vem da percepção de que as coisas deste mundo são transitórias e que sua importância passará rapidamente.

35 – Videntes. O tema da vidência é mais um desafio do que um dom, ao menos em seus estágios iniciais. As entidades sob esse tema quase sempre tiveram passados difíceis, nos quais figuras de autoridade fizeram de tudo para negar ou suprimir o dom de ouvir, ver ou sentir coisas além da percepção "normal". Eventualmente, essas entidades aprenderão a aceitar seus dons e a viver empregando suas habilidades para fazer o bem espiritual, se não de forma profissional.

36 – Rejeição. Esse tema desafiador se manifesta muito cedo, acelerado com a entrada da entidade na escola e com seu subsequente envolvimento em relacionamentos. Quase sempre essas entidades são abandonadas por aqueles a quem amam – mesmo os filhos podem vir a adotar figuras paternas ou maternas substitutas. O padrão pode ser quebrado quando a entidade reconhece o que está acontecendo e entrega suas ações e seu ego para Deus.

37 – Resgatadores. Podemos encontrar o resgatador trabalhando ombro a ombro com o **batalhador**, mas, quando este passar para a próxima luta, o resgatador ficará para trás para cuidar dos feridos. Essa é uma entidade com grande empatia e que demonstra sua força ao cuidar dos necessitados. O resgatador quer salvar até mesmo aqueles que, obviamente, criam os próprios problemas. Por ser assim, sai machucado das situações com certa frequência. Esse tema apresenta aos que sob ele vivem um caminho difícil a percorrer, mas a recompensa espiritual é grande.

38 – RESPONSÁVEIS. Os indivíduos que escolheram a responsabilidade como tema assumem-na com fervor, encaram-na como obrigação e sentem-se culpados se não dão conta de cuidar de todo mundo que orbita em sua volta. O desafio que enfrentam é decidir o que é imediatamente necessário e o que precisa que eles se afastem um pouco, respirem fundo e deem espaço para que outros tomem a frente.

39 – ESPIRITUALIDADE (encontramos pessoas como Billy Graham ou Madre Teresa e também leigos que dão a vida, dinheiro ou tempo para cuidar da humanidade). Quando o potencial dos que estão sob esse tema é plenamente alcançado, eles se tornam previdentes, compassivos e magnânimos; mas, enquanto ainda estão na busca, precisam estar atentos para não terem a visão estreitada nem julgarem muito severamente o próximo.

40 – SOBREVIVENTES. Por uma série de razões, reais ou imaginárias, a vida é uma luta constante para aqueles que escolheram viver sob esse tema. Ao mesmo tempo em que são ótimos nas crises, têm dificuldade em lidar com a vida cotidiana. Seu óbvio desafio é lidar com isso.

41 – TEMPERANÇA. O desafio aqui é evitar os extremos, pois essas entidades estão sempre envolvidas com vícios, de um tipo ou de outro. Podem até mesmo vencer o vício, mas ainda lutam contra seus efeitos. A chave para combater o fanatismo que sempre caracteriza esse tema é a moderação... Esse é o verdadeiro significado da temperança.

42 – TOLERANTES. As entidades que elegeram esse tema devem ser tolerantes com tudo – questões internacionais, família, crianças, política etc. Seu fardo é tão pesado que frequentemente elas escolhem apenas uma área para serem tolerantes, mantendo-se bem tacanhas sobre todos os outros assuntos. Mas, aceitando e exercendo plenamente esse tema, tais entidades encontrarão um desafio que as tornará magnânimas durante o processo.

43 – Vítimas. Essas entidades escolheram ser mártires. Por meio de seu exemplo – muitas vezes dramaticamente exposto na mídia –, tomamos conhecimento da injustiça (o presidente americano John F. Kennedy era uma entidade que vivia sob esse tema, e isso foi demonstrado com a forma como partiu deste planeta, suas dores nas costas, seu sobrenome de família e a pressão depositada sobre ele e seus familiares). Depois de viverem seus papéis, muitas vítimas escolhem re-escrever o futuro, deixando de lado as tendências masoquistas.

44 – Vitimizadores. Os seguidores do líder religioso Jim Jones são um bom exemplo do que um vitimizador tem poder de fazer – é óbvio que todas aquelas vidas, assim como muitos dos outros temas, interagem com este. No teatro da vida, o papel de Jones foi chamar a atenção de todos nós para os perigos de alguns tipos de seitas.

45 – Guerreiros. São entidades predestinadas, que assumem toda sorte de riscos físicos, muitas delas ingressam nas forças armadas ou em serviços de apoio à lei. Apesar de ser importante buscar certo comedimento, é certo que, sem os guerreiros, todos seríamos presas fáceis dos tiranos.

46 – Riqueza. Esse tema soa como ótima escolha, mas é, invariavelmente, um fardo que pode levar a comportamentos destrutivos de toda espécie. Como em qualquer outro tema, o objetivo aqui é superar os aspectos negativos. A riqueza é sedutora e pode funcionar como um vício – é muito difícil de controlar e tende a dominar quem convive com ela. Pessoas sob esse tema podem tornar-se obcecadas com a aquisição, o acúmulo e a manutenção de bens materiais, sem se importar com os métodos empregados e sem questionar suas ações. Os valores morais deixam de importar para essas pessoas, e, assim, muitas vidas são desperdiçadas. Quando finalmente a riqueza é dominada, os que vivem sob esse tema encontrarão liberdade para doar seus bens sem desejar nada em troca.

47 – Vencedores. Ao contrário das entidades que vivem sob o tema da **infalibilidade**, para quem tudo vem fácil, os vencedores empenham-se em vencer com tenacidade, quase sempre superando muitos desafios. Eternas otimistas, essas entidades têm certeza de que o próximo negócio, trabalho ou casamento será o melhor. Nem bem algo dá errado, já se põem de pé e partem para o próximo desafio, com a certeza de que vencerão. O presidente americano Dwight D. Eisenhower é um grande e positivo exemplo de alguém que viveu sob esse tema. Seu otimismo costumava ser inspirador, e sua confiança tinha o dom de acalmar. O desafio para essas entidades, que o presidente, aliás, parecia conhecer, é manter-se realista apesar do otimismo.

Capítulo 2
O chamado que ressoa na alma

Nós, humanos, carregamos o DNA dos pais, então uma parte deles vive dentro de nós. Mas claro que os verdadeiros pais e mães vivem fora de nós e nos guiam e guardam. Assim é com os Pais divinos: uma parte deles vive dentro de nós, nos propulsiona para nosso propósito divino. Ainda assim, a maior porção Deles vive *fora* de nós.

Os genes e a constituição individual nos conectam constantemente com o Divino, quer nos tornemos viajantes místicos ou não, e é isso o que faz cada um de nós único e diferente. Temos nosso próprio pacto com a Mãe e o Pai Deus, e esse pacto nunca é rompido, não importa o que façamos. Nossos Criadores não amam mais os viajantes místicos; tais indivíduos apenas parecem ter pactos mais fortes com Eles. Pelo fato de as entidades evoluídas carregarem tantas responsabilidades a mais do que a maioria, elas enfrentam mais tentações, mas a necessidade de evoluir espiritualmente as chuta e provoca até que fortaleçam suas determinações antes de finalmente renderem-se às tentações.

Novamente, não existe vergonha ou falta de responsabilidade em decidir não se tornar um viajante místico; se você não quer tornar-se um, ainda pode ir em frente e cumprir sua missão para a glória de Deus. Seria semelhante a não querer juntar-se às forças armadas, mas ainda assim fazer coisas em casa para mostrar seu apoio a elas. Durante a Segunda Guerra Mundial, por exemplo, muitas pessoas venderam títulos de guerra, outras fabricaram aviões e paraquedas e outras ainda juntaram metais velhos e borracha para reciclagem – todas foram necessárias para apoiar o esforço de guerra e, no final das contas, assegurar a vitória.

Se está *escrito* em seu caminho que se tornará um viajante místico, será dito que você tem a escolha de fazê-lo antes desta vida ou durante ela. Você pode esperar, ou mesmo protelar, mas um desejo de elevar sua espiritualidade permanecerá pressionando-o, ao ponto de quase golpear sua alma. Você certamente pode negar o chamado, mas ele não o largará. O manto começará a descer até que você, com seu livre-arbítrio, finalmente decida aceitá-lo. É quase como ser nomeado cavaleiro.

De fato, aceitar o juramento do viajante místico me lembra os cavaleiros templários, que tentaram preservar a verdade da vida de Cristo além da crucificação, incluindo o casamento com Maria Madalena. Eles desistiram de si mesmos para guardar aquele segredo com tanto ardor que foram torturados, queimados, amarrados a estacas e quase apagados da face da Terra... Mesmo assim não revelaram o que sabiam. Ser um viajante místico requer igual dedicação, mas também pede que você tenha uma crença tangível e sofra a influência de uma filosofia de amor, beleza e verdade que causará uma extraordinária ampliação de sua alma.

O manto pode pairar sobre você por várias encarnações – até que a opção de entregar sua vontade a Deus venha com toda a força –, e então ele cairá. Uma vez que isso aconteça, ele nunca mais se soltará. Sei que você pode estar hesitante quanto a abandonar sua vontade, mas, por favor, tenha em mente que o único livre-arbítrio existe do Outro Lado. Quando se tornar um viajante místico, você entenderá perfeitamente que sua vontade é a vontade de Deus, que expande seu caminho, e que você será convocado para ir a qualquer lugar e ajudar qualquer um. Você pode dizer que isso parece demais, mas com esse *status* de alma evoluída vem um bônus de energia e um sentimento de retidão e determinação. Sim, você será mais testado, mas também lhe será dada força extra.

Como Francine explica, "uma vez que você aceita o manto do viajante, também aceita que tem uma linha direta por, com e para

Deus; você literalmente seguirá Seus comandos, mesmo acima de seu próprio projeto. Agora, você pode dizer que não tem mais livre-arbítrio... bem, de qualquer forma, você não tinha, não na vida. É do Outro Lado, quando escolhe e escreve seu caminho, que você tem livre-arbítrio. Dando sua vontade a Deus, você apenas 'nivela para cima' sua espiritualidade e a evolução de sua alma. Sua vontade não se oporá a nada, e suas ações somente se tornarão mais exageradas à medida que você, de forma abnegada, ensinar, pregar, socorrer, estudar, pesquisar e aprender sob orientação e ordem de Deus".

Prestando atenção ao chamado retumbante

Francine ensina que, quando o chamado para se tornar um viajante místico é dado, ressoa em você por toda parte. Você saberá quando receber o chamado em virtude de uma perturbante sensação de *deve haver algo mais*; entretanto, esse sentimento também é cortesia de seu espírito-guia cutucando você, lembrando a você que mesmo antes de haver encarnado, foi-lhe dito pelo Conselho (grupo de seres altamente evoluídos que ajudam você em seu caminho) que você era o material para fazer um viajante místico. É o que tantas freiras e padres me disseram: algo dentro deles parecia haver acordado, e eles sabiam que o estilo de vida que haviam escolhido era *realmente* para eles. É o chamado, ressalta minha guia, que ressoa na alma. E você não precisa vestir-se ou falar diferente... É um juramento muito tranquilo entre você e Deus. Francine disse que eu não recebi o manto enquanto não fundei minha igreja, e que eu havia lutado com ele por pelo menos cinco anos antes disso. Por que tanto tempo? Porque eu sabia da apavorante responsabilidade e dos sacrifícios que estariam envolvidos. Claro, eu também estava ciente dos benefícios, mas *sou* humana – tinha medo de não estar à altura de ser um viajante místico, de não ser capaz de entregar completamente minha vontade e de estar por completo a serviço da Mãe e do Pai Deus.

Viagem mística

Na primeira vez em que aceitei o manto (não tanto agora), ele trouxe consigo uma tremenda solidão e isolamento. Era como ver uma luz que muitas pessoas não podiam ver – e somente algumas pareciam compreender o que eu sentia nas profundezas da alma. Eu não entendia, como entendo agora, que, quando você aceita esse manto, ele *o* orienta em vez de *você* orientá-lo. Então, somente aos 50 anos de idade pude dar esse mergulho. Sou uma viajante mística há 21 anos, e isso fez uma grande diferença. Tenho visto o mundo virar-se em direção à espiritualidade e pedir mais e mais conhecimento, e é por isso que continuo escrevendo tão rápido quanto posso, para distribuir consolo, assim como as informações que recebo... antes de deixar este planeta.

Mesmo que, como viajante místico, você abra mão de sua vontade, nossos Criadores nunca lhe pedirão para fazer mais do que eles sabem que pode. A recompensa por fazer o que eles querem, junto com a subsequente elevação irresistível na espiritualidade e graça, é, às vezes, indescritível. Seu relacionamento com Eles se torna tão mais próximo e mais íntimo que parece preencher a alma com seu amor a ponto de querer explodir. Não posso pensar em recompensa maior aqui na Terra ou do Outro Lado. Na verdade, sinto que o fato de alguém elevar-se à mais alta espiritualidade é um "extra" gigante em si e para si, mas existem muitos outros bônus por ser um viajante místico.

Primeiro de tudo, essas almas evoluídas não precisam aderir a nenhuma regra. Não quero dizer que podem fazer o que acharem melhor, porque isso frustraria o propósito. Preferivelmente, estar ao lado dos Pais e enfrentar missões por Eles são aquilo que as governa. Além disso, essas entidades podem pedir a outros viajantes místicos permissão para participar de missões com eles. Tenho certeza de que é por isso que tantos de meus ministros e membros de meus grupos de estudo, assim como outros que desejam que as pessoas saibam que pais amorosos eles têm, assumiram o compromisso de ser uma força que eliminaria a culpa e o medo. Como Jesus antes deles, esses abençoados homens e mulheres espalham a verdade sobre o que nossos Criadores verdadeiramente são e tentam provar à humanidade a razão pela qual Nosso Senhor veio realmente para cá – e não foi simplesmente para morrer por nossos pecados.

Francine afirma que nunca viu tantos viajantes místicos na vida como hoje. Ela também notou que quase toda entidade que encarnar agora quer um grau maior de espiritualidade, e é a isso que ela atribui esse crescente número de entidades evoluídas.

Não há limite para o número de viajantes místicos. Assim, qualquer um que não seja uma entidade sombria e que sinceramente queira evoluir em sua espiritualidade é bem-vindo. Os viajantes místicos experimentarão mais do que os outros em encontros positivos ou negativos; afinal, como você pode ajudar alguém se não tiver estado nas trincheiras como ele? A vantagem é que parecem "se levantar" e se recuperar mais facilmente de toda e qualquer adversidade. Esse é mais um benefício de entregar sua vontade e ser uma entidade exemplar para Deus.

O PROCESSO DE UMA VIDA

Agora, eu gostaria de apresentá-los a Raheim, o primeiro espírito-guia do qual me tornei consciente, por volta de 1970. Como Francine, Raheim vem a mim quando estou em transe. É especialista em muitas coisas, incluindo medicina, história, religião e magia natural (seu ponto forte). De modo algum é mais esperto que Francine; apenas aborda os assuntos de forma mais linear por ser homem. Acho que todos nós nos beneficiaríamos de seus pontos de vista nos assuntos relativos aos viajantes místicos.

Raheim diz: "Uma vez que você aceita o que é, ou o que assumiu para si – que ser um viajante místico tem suas privações –, isso se torna uma vida espiritual contínua e admirável para sempre.

Viagem mística

Claro, todo mundo é espiritualizado de uma forma ou de outra; os viajantes místicos simplesmente abandonaram a necessidade dominante de coisas materiais, que parecem tão importantes. Não significa que você será incapaz de viver dos frutos de seu trabalho, mas o materialismo não se torna seu deus. Os viajantes místicos tornam-se o que conhecemos como peregrinos espirituais ou mensageiros. São entidades espirituais evoluídas – lembre-se de que a espiritualidade não tem ego ou fingimento, nem humildade vacilante. Devem viver a vida com honestidade, humildade verdadeira e gratidão, de forma a estar a par dos dons que lhes são concedidos".

Raheim ainda afirma: "Leva muito anos para que qualquer movimento espiritual se estabeleça. Mesmo que você entregue sua vontade e siga pelo processo do viajante místico, não pode esperar resultados do dia para a noite. Você precisa ter rompido com muitas antigas fobias e hábitos; mas não importa quanto esteja bom: ainda estará saindo de muita escuridão e negatividade, o que também contribui para o tempo que levará para que você seja bem-sucedido".

Isso não significa que você seja sombrio e negativo; certamente, qualquer um absorve a negatividade somente por viver neste planeta, e leva tempo para eliminá-la... às vezes até 20 anos. Por favor, não se sinta desesperado ao ler estas palavras, porque poderá fazê-lo num período de tempo mais curto. Entretanto, normalmente leva mais ou menos 20 anos.

Divino como era, nem mesmo Jesus começou sua vocação como viajante místico antes dos 30 anos. Antes de sua vida pública e de seu ministério, Ele passou por um longo período de incubação para purificar-se da negatividade que havia absorvido na vida. De forma bastante interessante, Francine diz que é muito comum tornar-se uma entidade evoluída por volta dos 30 anos, idade em que a maioria de nós se volta para o Outro Lado.

Você pode protestar que mal começou o processo, e não acha que tem tantos anos a sua disposição. Bem, se realmente não tiver muito tempo, então seu período de transformação será naturalmente encurtado. Mas entenda que, no que diz respeito a seu momento de "dar a partida", a verdade é outra: se você olhar para trás em sua vida, posso apostar que descobrirá ter começado em seu caminho espiritual há muitos anos. Pode ter sido na infância, na juventude ou algum tempo depois, mas, como a maioria daqueles que estão na busca espiritual, tenho certeza de que passou muitos anos nisso.

Não importa qual (se é que você tem alguma) a religião na qual cresceu: o momento em que começou a procurar por respostas foi o começo da busca. Suas perguntas, pesquisas, a educação e suas experiências de vida, tudo contribuiu para sua espiritualidade. Esse é seu "eu espiritual", e provavelmente não é tão pouco desenvolvido quanto você pensa. Tornar-se um viajante místico é simplesmente o ponto culminante de sua espiritualidade, e, a partir do momento em que assume o juramento, você o utiliza para fazer o bem e ajudar os outros.

Se revir seu passado, encontrará o começo de seu "eu" espiritual. Talvez você tenha dito algo como: "Não posso aceitar o que essas autoridades estão me dizendo. Tenho de fazer o que quero e devo ter meu próprio Deus, em minha própria realidade pessoal. Nem vou ouvir o que essas pessoas dizem sobre pecado, penas eternas e fogo do inferno". Foi aí que sua espiritualidade começou! Ela com certeza floresceu imediatamente, mas você pode não tê-la visto produzir frutos por muito tempo. Assim, esse é apenas outro passo nos níveis da alma; você pode aceitá-lo ou continuar a fazer o que está fazendo. Afinal, se está vivendo uma vida boa e tudo está bem para você, certamente está bem com Deus.

Mas considere isto: *qualquer coisa* que você faz ou experimenta leva tempo. Por exemplo, mesmo que o processo de superar a morte de um ente amado nunca chegue verdadeiramente ao fim, depois de três ou quatro anos, a dor da chaga viva diminui. Isso quer dizer que você não pode trazer à lembrança a dor a qualquer momento? Claro que pode! O falecimento de meu pai, por exemplo, foi há mais de dez anos, mas é doloroso até hoje. Não, não é a lâmina afiada que um dia foi, embora sempre que eu ouço "Over the Rainbow" eu chore, porque era a sua música.

Se você está sentindo uma enorme angústia, sei que acha que isso nunca vai acabar, mas eu lhe asseguro que vai. Se não acabasse, você não poderia viver. Estar num plano espiritual mais alto, ou aspirar a estar, ajuda de verdade e enche a alma de amor.

Tenha em mente que a maior parte da vida tem que ver com superar algo. Ser maltratado não provoca uma cicatriz na alma por si só. Quando as pessoas carregam tal experiência consigo por muito tempo, não conseguem se livrar dela, então deixam que isso tempere toda a sua existência. É nesse ponto que ser um viajante místico pode realmente ser um recurso válido, porque diminui o tempo e suaviza a dor de doença, divórcio, trauma e assim por diante.

Períodos de quatro ou cinco anos constantemente se repetem na vida, tais como o tempo que leva para os que são introvertidos e fracos tornarem-se mais extrovertidos e colocarem-se de pé. Você pode levar esse tempo para tentar encontrar *a pessoa certa*. Não estou dizendo que precisa esperar tanto tempo para se casar se está atualmente com a pessoa dos seus sonhos – mas seja cuidadoso ao correr para o altar com alguém que acabou de conhecer. Pode dar certo, mas somente se for amor verdadeiro, não luxúria.

Mesmo quando temos um trabalho que amamos e para o qual fomos treinados, leva tempo para nos sentirmos seguros e entender todos os detalhes da profissão escolhida. Veja a educação de uma criança e a preocupação que causa... Na verdade, isso nunca acaba. Podemos ter uma folga, mas nós, pais, estaremos preocupados com os filhos até o dia de nossa morte.

Leva no mínimo quatro anos para você obter a plena percepção de si mesmo e de quem você é, e isso está ligado à espiritualidade. É parte do tempo que leva para tornar-se um viajante místico. A diminuição do tempo está relacionada a sua dedicação.

Como Raheim explica, "tudo isso é dito e exposto para você saber que não deveria esperar que as coisas acontecessem rapidamente nesta cruel escola da vida. Leva tempo para pôr em ação aquilo que lhe foi ensinado, e para conseguir a interiorização de Deus. A interiorização costuma ser diferente para cada viajante místico – somos todos indivíduos e temos constituições pessoais, então é bom que nos aproximemos com as próprias ferramentas e as usemos à nossa maneira.

Você pode obter uma informação que acentue seu treinamento individual e, quando a combina com sua experiência, pode algumas vezes encurtar o tempo para se tornar um viajante místico. Novamente, devo enfatizar: paciência, porque isso demora. O único perigo você é sentir que é mais esperto ou mais avançado que outros viajantes místicos. Quando ensina alguém a se tornar uma entidade (o que fará), precisa guiá-lo para esse ponto expressivo. Se essa pessoa não aprender, surgirão situações, sempre provocadas por seu próprio ego, nas quais serão tidas como impotentes.

Como ponto de referência, Raheim revelou os nomes de alguns dos mais notáveis viajantes místicos do mundo. A lista não fala das almas evoluídas que estão em vida atualmente (exceto Dalai Lama, uma escolha bastante óbvia), mas inclui as seguintes: Jesus Cristo, Buda, Maomé, Siyyid 'Ali-Muhammad (o profeta Báb), Madre Teresa, Joana D´Arc, William Shakespeare, Thomas Edison, Albert Einstein, Madame Curie, Abraham Lincoln, Rainha Vitória e muitos outros.

Como você pode ver, nem todos os viajantes místicos são discípulos conhecidos, tais como Maria Madalena, José de Arimatéia ou o Papa João XXIII (todos de fato viajantes místicos). Eles também vêm do mundo da ciência, educação, entretenimento, política, medicina e muito mais. Podem ser bombeiros, açougueiros, padeiros, vendedores, mecânicos, cavadores de fossos, operários da construção civil ou vir de qualquer outro caminho da vida. Podem não ter o nome em destaque, mas estão fazendo bons trabalhos e ajudando as pessoas – são almas tão boas quanto aquelas que se tornaram conhecidas. A única razão pela qual compartilhei com você os proeminentes nomes acima foi saber que esses indivíduos tinham defeitos e, ainda assim, fizeram algo para tornar o mundo um lugar melhor. Se foi em grande ou pequena escala, tudo foi ótimo para Deus. É muito provável que, se você perguntasse à Madre Teresa como era ser um viajante místico, ela não tivesse a menor ideia do que você estava falando. Muitas entidades evoluídas não entendem a terminologia... apenas o chamado.

Francine e Raheim disseram que em 1991 havia apenas 2.500 viajantes místicos na Terra. Agora existem milhões deles, mesmo que não o saibam. Você pode perguntar: "por que é tão importante que as almas evoluídas saibam que isso é o que realmente são?". Saber quem são aumenta suas forças e ainda as faz se inteirar sobre as muitas ferramentas que estão disponíveis para elas. Podem encontrar essas ferramentas se não sabem que são viajantes místicos, mas não saberão completamente como utilizá-las.

Quem sabe o que os viajantes místicos podem fazer depois que respondem ao chamado em suas almas e aceitam seus mantos? Podem criar e dar ao mundo outro viajante místico, que se estabelece na família e se torna ótimo. Podem arrancar-se da sarjeta ou do gueto para ajudar outros. Podem contrair Aids, mas proporcionar uma vida melhor para aqueles que são igualmente atingidos. Muitas vezes esses são os heróis não valorizados do mundo, mas também estão fazendo brilhar os olhos de Deus.

Amor incondicional

Na condição de viajante místico, você é dotado de alto grau de discernimento psíquico e de amor incondicional. Esse amor sempre parece recompensar, mas pode não ser da forma que você pensa. Amor incondicional significa que você estima outras almas – mas nunca ama o mal e não precisa estar à disposição de alguém. É aí que conceitos cristãos como "ame seu inimigo" extraviam-se. Sei que Jesus, aparentemente, disse isso, mas tinha a intenção de que fosse tomado literalmente ou queria ensinar a amar a alma de seu inimigo? Para chegar a um ponto mais dramático, vamos pensar naqueles que estão em guerra.

Seria ilógico dizer que todos os que atiram em nós numa batalha são maus. As guerras são travadas por disputa de território, interesse político, riqueza material e diferenças ideológicas; são, normalmente, instigadas por líderes políticos. Precisamos perceber que antes de um conflito particular os indivíduos que atiram em nós não são nossos inimigos, nem o serão depois. Assim como nós, essas pessoas são abruptamente atiradas em um conflito que não começaram e são instruídas a destruir o inimigo. Têm família como nós; comem, dormem, amam, riem, choram e tentam sobreviver como nós; e, o mais importante, geralmente são boas como nós.

Acho que você entendeu meu ponto de vista... a guerra é uma das loucuras mais devastadoras da humanidade. Posso imaginar um soldado no *front*, tendo a seu lado um companheiro morto por um tiro, gritando "eu amo você" enquanto esvazia seu revólver no inimigo. É tudo tão hipócrita e sem sentido... Verdadeiramente, não considero a guerra um bom exemplo do que significa "inimigo"; ainda assim, é o mais devastador para muitos seres humanos inocentes.

Vamos examinar a palavra *inimigo* como ela deveria ser definida. Um inimigo verdadeiro é alguém que conhece você e que, com malícia premeditada, pretende feri-lo ou destruí-lo. Não me refiro a um terrorista que sofreu lavagem cerebral para aniquilar tudo e todos no mundo ocidental – este é apenas um pobre fanático usado por entidades sombrias que, em sua loucura, querem descarregar a devastação e o caos. Não. Estou falando do indivíduo que é parte de sua vida e talvez um rival, de alguma maneira, seja dentro ou fora do trabalho. É o tipo de pessoa que é seu inimigo verdadeiro... Sim, ele rastejará para dentro de sua vida como um ladrão na noite.

Agora voltemos à premissa original, "ame seu inimigo". Nós todos temos gostos e desgostos. Então, parceiros de trabalho ou conhecidos naturalmente cairão em ambas as categorias. Como somos humanos, vamos nos chocar com a personalidade de quem não apreciamos. Entretanto, o interessante é que podemos amar as almas das pessoas porque foram criadas pela Mãe Deus e pelo Pai Deus, mas não precisamos gostar delas ou de suas ações. Pense nisto por um momento: amamos nossos Criadores; em consequência, deveríamos tentar amar suas criações da mesma forma como Eles o fazem. Eles amam a todos nós incondicionalmente, apesar de nossas falhas, porque nos criaram. Embora não sejamos capazes de chegar a esse tipo de amor, podemos certamente tentar dá-lo à moda antiga.

Tudo isso significa que, mesmo que não gostemos muito de algumas pessoas em particular, ainda podemos amar as almas dentro delas. A parte de nós que não gosta delas é balanceada por nossa habilidade de nos elevar acima das emoções humanas e de amar aquelas almas, independentemente de sua personalidade ou ações. (Fazemos exatamente isso quando estamos do Outro Lado, mas lá, verdadeiramente, não temos qualquer emoção negativa sobre ninguém.)

O problema de tomar "ame seu inimigo" ao pé da letra é que, fazendo isso, você não está *amando a si mesmo* – você acaba indo contra o perigo e então, possivelmente, torna-se um capacho, o que qualquer um que ama já foi acusado de ser. Você também se deixa amplamente "aberto" à hipocrisia; afinal, se afirma amar Osama Bin Laden, mas sabe em seu coração que poderia pegar um revólver e atirar nele pelo que fez, então não está sendo honesto consigo mesmo. Mas se diz: "Eu amo a alma de Osama, mas realmente não gosto dele e de suas ações", está sendo verdadeiro e também se permitindo ser humano. Se não se permitir ser humano, você descobrirá que isso leva à hipocrisia e à culpa... E você não quer isso, nem precisa disso.

Quanto aos viajantes místicos, eles podem carregar muita coisa nas costas, mas parecem ter uma sirene interna que os avisa quando chegam ao limite. São "hospedeiros da vida", e querem alimentar e cuidar de todos, mas não podem zelar por aqueles que pendem para a destruição – devem permitir que esses indivíduos aprendam e trilhem as próprias veredas. As entidades evoluídas percebem que, diferentemente delas, muitas pessoas não entregaram sua vontade a Deus, então ainda têm muito a aprender para ir até o fim. Também percebem que alguns aprendem rapidamente, enquanto outros o fazem num ritmo mais lento.

Existem muitas almas esperando ser conduzidas para fora da escuridão, não necessariamente para se tornarem entidades com uma missão de vida ou viajantes místicos, mas de preferência para encontrar seu próprio caminho espiritual. Mais do que tudo, precisam saber que isso é muito difícil e que damos o nosso melhor para ajudar uns aos outros nesse processo.

Embora o amor incondicional não seja sempre devolvido por aqueles a quem o damos, ele certamente volta por outras pessoas, se você for astuto o suficiente para enxergá-lo. O amor nunca se dissipa; em vez disso, ele cresce e retorna a nós de todos os lugares.

Capítulo 3
Um contrato com Deus

Os viajantes místicos podem ser membros de qualquer fé – o manto, mesmo alcançando prioridade sobre as denominações em particular, não afastará ninguém de pertencer a alguma delas. Todos os escritos religiosos, até mesmo a Arca da Aliança, são formas de comprometimento com Deus. Desse modo, é o juramento dos viajantes místicos que se torna sua "arca", por assim dizer, ou aquilo a que a Bíblia se refere como "pacto" com Deus. O juramento é a mais alta forma de comprometimento entre os seres humanos e o Divino.

Alguém uma vez perguntou a Francine quando podemos ver ou sentir qualquer mudança depois de aceitar o manto do viajante místico. Ela respondeu: "quase imediatamente, um sentimento de paz e de finalização invade a pessoa. Porque você entregou sua vida ao Poder Maior, ele começa a agir sobre ela, e, assim, muitas outras coisas lhe serão reveladas. A cada dia você sente que mais e mais conceitos lhe são infundidos – é como vagar na escuridão e, de repente, ser surpreendido com luzes".

"Não se preocupe com sua sinceridade", ela continuou. "Só o fato de você ter a coragem de dizer as palavras de comprometimento é suficiente. Você nunca precisará se antecipar a Deus, mesmo se estiver com medo de não viver para o juramento. A coragem e a satisfação de fazer o trabalho de Deus serão dadas a você. E, por favor, lembre-se disto: uma vez que o manto descer, ele nunca será removido."

Viagem mística

Meu espírito-guia afirma que, tão distante quanto possam ir os registros, nunca houve um viajante místico que tenha se ressentido ou que não quisesse seu manto. Houve muitas almas evoluídas que não usaram o termo "viajante místico", mas não precisaram saber que o título estava incluído.

Quantas vezes você encontrou pessoas e, mesmo sem saber explicar, sentiu que emitiam tal luminosidade que você se sentiu parte delas e elas de você? E quanto a todos aqueles que, não importa o que aconteça, sabem que Deus cuidará deles e que prevalecerão sobre toda adversidade? Bem, são entidades evoluídas, quer o percebam ou não. Tais indivíduos têm um bip espiritual que dispara de forma que todos possam ouvi-lo, assim como uma necessidade de servir aos outros que simplesmente se torna sua segunda natureza.

Por exemplo: minha igreja começou como uma escola subsidiada pelo governo para ensinar as pessoas a se tornarem hipnoterapeutas, e gostaríamos de criar uma para crianças, assim como um lugar para os idosos. Sim, tudo isso toma tempo e dinheiro, mas creio que agrada mais a Deus do que uma grande catedral ornamentada, especialmente se a usássemos somente para cultos dominicais. Ajudamos obras de caridade como a "Fundação Montel Williams MS" e a "Fundação Make a Wish", além de doar centenas de brinquedos e uma grande quantidade de alimentos – tudo o que também agrada a Deus.

Não estou tentando dizer: "olhe para nós! Somos sagrados e bondosos!". Só mencionei esses trabalhos porque são exemplos do que as almas comprometidas podem fazer, e isso é pouco comparado aos esforços de outros. Mas, como Francine e eu temos sempre dito, o que importa é o que você pode fazer com seus recursos e estrutura.

Os viajantes místicos não precisam criar igrejas ou fundações, embora alguns o façam. Eles abrem escolas, asilos e clínicas médicas; doam recursos, incluindo seu tempo e sua energia onde quer que sejam necessários. O mais importante é que são consistentes na maneira como vivem e amam a Deus.

Podemos encontrá-los na política, na ciência, na ecologia e mesmo no mundo das celebridades. Eles podem estar em qualquer lugar e em qualquer profissão, contanto que estejam vivendo a vida a serviço de Deus e fazendo a diferença no mundo, seja em grande ou pequena escala. Mesmo aqueles que trabalham em asilos, tomando conta de crianças com deficiência, cuidando de idosos ou simplesmente vivendo uma vida de sacrifício pelos outros, estão acendendo uma vela de espiritualidade para outros, o que é a marca de um viajante místico.

Os poderosos programadores de Deus

As almas evoluídas podem sentir uma raiva justificada quando grandes injustiças são cometidas, mas nunca agem com violência. Enquanto são "a SWAT espiritual" ou os "boinas-verdes do Universo", não portam armas nem fazem mal a ninguém – ao contrário. Os viajantes místicos odeiam derramamento de sangue inútil e trabalham mais no nível da alma para ajudar os outros a encontrar paz e conforto na verdade. Entretanto, não são etéreos ou sobrenaturais – falam com sinceridade e estão fundamentados na realidade. Você nunca os verá contemplando o Universo, porque são ativistas, professores, cuidadores e "fazedores". Levam vida exemplar, empenhando-se em induzir outras pessoas à luz e ao amor, e a pensar por si mesmas.

Algumas das estradas da vida são extremamente esburacadas, então, em certas situações, os viajantes místicos podem dizer: "Deus, cuide disso". Isto é, às vezes eles precisam desistir e deixar que Deus assuma ou faça a coisa certa... Mas não até que tenham tentado de tudo um pouco. De outra forma, nunca aprenderiam; em vez disso, ficariam ociosos e esperariam que Deus fizesse tudo por eles.

As entidades evoluídas realmente acreditam que uma boa porção de qualquer doença crônica que possam ter começa a se minimizar. Não é a cura para tudo, porque eles tomaram caminhos dos quais não podem se desviar; de preferência, "se elevam para além" do corpo humano. São programadores poderosos, porque têm acesso à premonição, à cura e à habilidade de chamar todos os anjos e a Mãe Deus. Claro, qualquer um tem esses poderes, mas, como os viajantes místicos doaram tanto, parecem vir na "frente". Mas não deixe que isso o entristeça: não importa quem você é: você ainda está na fila, e nossos Pais ouvem a todos. De forma alguma quero que você pense que Eles têm favoritos.

Usando a magia

Falando em programação, discutiremos agora um assunto que pode parecer, a princípio, muito esotérico. Parece que os viajantes místicos se tornam mestres no que era chamado "magia imitativa", uma forma de programação de que as pessoas antigas particularmente gostavam. Eles imitariam o que quisessem ou necessitassem dos deuses, despejando jarros de água no chão esperando pela chuva, e assim por diante. Embora os viajantes místicos sejam maravilhosos programadores, você pode fazer a mesma coisa. No livro *O poder da intenção (The Power of Intention)*, o dr. Wayne Dyer escreve que o que você pensa e como age farão acontecer... É verdadeiramente a lei da atração. Tente você mesmo: aja como se fosse feliz, e a felicidade virá. Aja como se estivesse bem, e seu corpo fará o mesmo. Aja como se tivesse dinheiro suficiente (sem contrair dívidas), e desfrutará da prosperidade. Por outro lado, se você agir como doente, deprimido, exausto ou pobre, terá cavado um buraco onde a luz não poderá alcançá-lo.

Você pode perguntar: "se você escreveu *sofrimento* em seu caminho, como mudará isso?". Você não muda, mas pode modificar ou encurtar o que foi escrito. Tomemos a gripe de 24 horas, por exemplo. Eu também já passei por isso, mas você já reparou que, tão certo quanto o Sol vai nascer, quando faz a contagem regressiva e chega à vigésima quarta hora, você se sente bem? Então, por que não podemos ter uma gripe de 15 minutos ou somente uma semana de câncer?

Deus ama os médicos, mas ele também nos programa. Por exemplo: vi uma mulher na TV, esta manhã, que teve câncer no cérebro. O mundo médico havia dado a ela três meses de vida, mas ela já está no nono ano – e livre de câncer. Ela não ouviu as estatísticas e começou a *viver* em vez de, simplesmente, esperar a morte. Não era necessariamente uma viajante mística, pois cada um de nós pode curar, e podemos nos programar.

É muito importante anotar o que você está programando – saúde, bem-estar, amor, riqueza ou o que quer que você queira –, porque uma caneta é mais poderosa do que uma espada. A prática da escrita também ajuda a introduzir mais fortemente em sua mente o que você deseja. O ato de escrever usa os sentidos de toque e visão, e, quanto mais sentidos e faculdades você trouxer ao jogo, maior impacto a programação terá. Os publicitários e mestres da propaganda sabem que essas técnicas têm grande impacto na mente humana. Então, para ter o maior impacto na *própria* mente, tente ler sua programação em voz alta todos os dias, e ela penetrará em seu próprio ser.

Soldados para Azna

Francine afirma que os viajantes místicos dedicam a vida à Mãe e ao Pai Deus, mas também o fazem pela evolução da própria alma. Em outras palavras, Eles nunca exigem nada desses indivíduos. Com Eles tudo é amor e perdão; não nos pedem nada – é a parte deles dentro de nós querendo mostrar nosso amor, vivendo para Eles.

Se é que são alguma coisa, os viajantes místicos são mais como cavaleiros ou soldados para Azna (Mãe Deus), porque Ela tem acesso à criação de forma mais "dinâmica". Isso significa que você é "menos" a Seus olhos (ou, no caso, aos olhos do Pai) se não for um viajante místico? Claro que não! As entidades evoluídas decidiram ser generais da luz bem aqui, mas não esperam nenhuma medalha. Novamente, o que fazem é para o progresso de sua alma e porque amam nossos Pais.

Viagem mística

A natureza do Pai Deus é mais estática, e é a Sua energia que mantém unida toda a criação. Ele é o "movedor que não se move", o Primeiro Movimento. A Mãe Deus, por outro lado, move-se livremente e se envolve mais com Suas criações. Como pode intervir em nossos caminhos, Ela é o trabalhador milagroso. Antes de virmos à vida, Ela poderá até mesmo discutir conosco a possibilidade de nos tornarmos viajantes místicos. Podemos argumentar com Ela, porque temos o livre-arbítrio, mas Ela normalmente nos convence – Sua persuasão amorosa nos faz querer evoluir por Ela. Então, com a ajuda do Conselho, mapeamos o caminho que teremos de seguir para preencher nosso nível pessoal de perfeição.

Agora, eu gostaria que você tirasse um momento para se colocar na frente de seu Criador, da toda amorosa e maravilhosa Mãe Deus, e sentir Sua fantástica energia amorosa e poder. Admita que nunca poderia dizer não a Ela, não importa o que lhe pedisse. Ninguém em seu juízo perfeito jamais poderia recusar-Lhe qualquer coisa... Então, você agora pode parar de imaginar como me tornei uma viajante mística.

Minha própria jornada

Acho que o que me fez finalmente aceitar que o juramento seria uma decisão fácil (embora ainda tivesse algumas hesitações) foi o fato de que meu segundo marido havia examinado a possibilidade de investir num negócio fraudulento de mineração de ouro. Eu estava tão ocupada com a minha fundação que, na verdade, não tinha cabeça para mais nada além de cuidar de outras pessoas.

Fui à falência, obrigada a devolver dinheiro aos outros investidores, e ainda tive de pagar uma imensa quantia ao imposto de renda. Nunca esquecerei do juiz me dizendo: "sinto muito, sra. Browne, mas você foi a única pessoa que ganhou dinheiro com isso".

Naquela noite, fui para meu quarto e disse: "Deus, Você pode levar tudo. É Sua vontade... Mas, por favor, me deixe manter minha fundação intacta".

Perdi minha casa e quase tudo o que possuía. Eu também estava cuidando de meus pais, então era vital que pusesse em ordem a coisa toda. Precisava de 2.200 dólares para manter minha casa, então fiz uma grande venda de garagem. Consegui 2.300 dólares e todos nos mudamos para um conjunto residencial modesto. Divorciei-me. Embora fosse amigável, o divórcio era de alguma forma trágico, pois havíamos ficado juntos por quase 20 anos. Como meu ex-marido admitiu, foi devido à culpa; além disso, ele sabia que eu estava destruída com a falência e só queria que eu fosse feliz.

Embora meu segundo marido não fosse como o primeiro (um homem terrivelmente violento, que me batia, maltratava nossos dois meninos e ameaçou me matar), um divórcio é um divórcio, e é difícil de superar. Felizmente continuamos amigos, e eu o perdoei... Mas não tenho certeza de que ele, algum dia, se perdoará.

De qualquer forma, depois de dizer à Mãe Deus e ao Pai Deus que Eles poderiam ter tudo aquilo, comecei a imaginar que diferença havia entre aquela situação e tornar-se um viajante místico. Considerei que me tornar uma alma tão avançada poderia mesmo ajudar a melhorar minha vida, e estava certa. Parecia insuperável, mas dia após dia e mês após mês eu reconstruí minha vida, fazendo 25 a 30 previsões por dia. Não eram as previsões que me esgotavam: era a sensação de que não iria conseguir – mas consegui.

As pessoas me perguntam: "se você é sensitiva, por que não sabia que tudo isso iria acontecer?"; ou: "por que Francine não a alertou?". A resposta é simples: meu dom nunca foi para *mim*. E quem pode dizer que sem chegar ao fundo não seria mais difícil fazer meu comprometimento sagrado? Afinal, foi quando percebi, bem no fundo da alma, que a vontade de Deus e a minha são a mesma.

Pouco depois de haver restabelecido meu trabalho e as finanças, minha igreja estava em plena atividade; Francine espalhava informações sobre como tornar-se um viajante místico. Ela partilhava isso com membros da congregação que mantiveram o interesse por muitas semanas em minha base domiciliar em Campbell, Califórnia, e em Seattle. Foi durante esse período que vários ministros e eu fizemos nosso juramento.

Não passou muito tempo e perdi 9 pessoas em mais ou menos 3 meses. Meu pai, minha mãe, vários amigos, incluindo um médico que havia convivido comigo por anos; foram morrendo um após o outro. Eu sei, em minha alma, que não poderia ter atravessado aquele período horrendo de luto sem a graça extra que o manto me proporcionava.

Casei-me pela terceira vez com um homem que conhecia havia 33 anos e a quem havia confiado mais de 20 das minhas organizações. Alguns anos depois de nosso casamento, ele me trocou por outra mulher, quando estávamos todos juntos em uma "viagem espiritual" no Egito. Abass, um amigo querido e agente de viagens que nos levou por muitas jornadas naquele maravilhoso país, passou a telefonar para mim todos os dias para ver se eu estava bem.

Durante uma de nossas conversas, eu o avisei para não ir ao Peru, mas ele estava determinado, porque precisava de dinheiro. Eu disse: "Bem, se você precisa ir, não faça escaladas" – estava preocupada com seu coração. Você adivinhou: ele escalou uma montanha, voltou ao quarto do hotel e caiu morto, fulminado por um ataque cardíaco. Então, novamente, me vi sozinha, sentindo-me rejeitada.

Pedi o divórcio a meu terceiro marido; no decorrer do processo, descobri que ele não suportava a ideia de que eu era mais dedicada à família e a outras pessoas do que a ele, mesmo sabendo como era minha vida antes de se casar comigo. Ele também me tirou dinheiro, mas o adultério e a decepção foram o mais difícil de suportar. Então, bem no meio dessa ruína, meus dois filhos também se divorciaram. Era quase como uma ataque psíquico gigante, e às vezes eu sentia que não conseguia respirar. Estava entorpecida com a traição e a dor que me cercavam, mas segurei bem firme o manto junto a mim.

Não vou dizer que foi instantâneo, mas realmente saí muito mais forte desse período atroz, graças especialmente à ajuda de Montel Williams. Um sempre sabia quando o outro estava com problemas. Mesmo assim, ele estava passando por sua própria dor durante aquele período (a imprensa é cruel, levanta certos assuntos e os distorce, e todos nós temos de conviver com isso). O que estou tentando colocar aqui é que não importa qual crucificação você atravesse – e isso realmente é como se a sua alma estivesse sendo rasgada em duas: seu conhecimento e fé o fortalecerão física, mental e, acima de tudo, espiritualmente.

Tragicamente, meu último marido teve câncer na garganta. Não sou presunçosa a ponto de pensar que era seu carma, nem desejaria, verdadeiramente, mal a qualquer pessoa, mas está claro que aquilo que vai volta. Mesmo assim, senti muita pena dele e até rezei para que se curasse. Embora eu brinque e faça piada sobre algumas das tragédias de minha vida, como dizer, depois que ele me deixou, que atropelaria a ele e à outra mulher com um caminhão Mack, aquilo era apenas uma tentativa de acalmar minha dor muito humana, tentando fazer as coisas mais leves.

Todos esses incidentes vieram para me fazer mais forte e me mostrar que eu tinha de ser o capitão do meu próprio barco. Percebi que meu caso de amor é com todos vocês e o mundo, por meio de meus escritos, meus ensinamentos, e fazendo conferências. Minha família, meus amigos, meus animais de estimação e minhas viagens são os amores de minha completa e realizada vida.

Então, mesmo com alguma hesitação, eu nunca, jamais pensaria em desistir do manto. Mesmo difícil como a vida foi, os ganhos espirituais ultrapassaram tudo. Se você está sofrendo ou num período do deserto neste momento, saiba que se tornar um viajante místico não é o conserto rápido e milagroso – você realmente vai passar por isso com muito mais força, conhecimento e coragem. Você descobrirá que todos os sofrimentos deste momento apenas expandem a alma, e a alegria desabrocha como flores viçosas depois de um longo e frio inverno.

VIAGEM MÍSTICA

SÓ ENTRE VOCÊ E DEUS

Acho que muito da apreensão que você pode sentir quanto a tornar-se um viajante místico origina-se do mesmo medo que eu tinha: que a vontade de Deus esteja em oposição à sua. Bem, conforte-se com o fato de que a vontade de Deus realmente tem prioridade, mas não interromperá sua vida, seus amores ou mesmo seus gostos. Você não se tornará, repentinamente, outra pessoa, e ninguém saberá o que aconteceu: só você. Entretanto, os outros notarão que há algo diferente em você... Há uma luz ou um tipo de santidade que eles não poderão tocar, mas, pela falta de uma frase melhor, verão um você melhor!

Quando toma o manto, você não pode beber, comer, tocar ou fazer qualquer coisa em excesso a ponto de prejudicar o corpo, incluindo drogas. Não me refiro a remédios receitados pelo médico, contanto que não sejam usados em demasia. Tomar qualquer substância em excesso é uma maneira vagarosa de se matar, e o uso de drogas como recreação é loucura e estupidez. Embora, como no caso de Anna Nicole Smith, algumas vezes seja difícil saber a quem culpar: à pessoa que toma as drogas ou aos médicos que as prescrevem. Em ambos os casos, não podemos julgar o tipo de vida, fraqueza ou dor de cada indivíduo ou saber como ele reagiria quando empurrado para a notoriedade.

A própria Anna Nicole foi provavelmente avisada pelo Conselho quando escreveu em seu caminho que poderia estar entrando naquilo muito cedo, ou que sua alma era frágil demais para a vida que havia estabelecido para si mesma. As Annas, as Marilyn Monroes e os Elvis Presleys deste mundo com certeza conseguiram ir para o Outro Lado, mas parece que se permitiram ser colocados nas mãos de duvidosos manipuladores de fantoches antes de chegar lá. Eles então se voltaram para dentro e se tornaram tão cheios de medo e rejeição que simplesmente não podiam lidar com aquilo. Nós apenas podemos sentir um tremendo pesar por essas pobres almas – até porque, aparentemente, em alguma vida, todos terminamos rápido demais ou escolhemos muito apressadamente.

A boa notícia é que todos os seus maus ou pouco saudáveis hábitos parecem desaparecer ou podem ser quase que imediatamente interrompidos quando você se torna um viajante místico. Mas isso não significa que você precise tornar-se excessivamente escrupuloso: não precisa parar tudo ou, de repente, se tornar vegetariano, a menos que deseje. Você não precisa se vestir de maneira diferente, mudar o penteado ou tornar-se comum e indefinido.

Tomo café, faço cabelo e unhas (sim, eles são meus) e uso, sim, um pouco de maquiagem. Entretanto, só me inclino a fazê-lo quando estou no palco, na TV ou indo a algum evento social, porque, de outro modo, isso faria com que me sentisse usando uma máscara. Ainda assim, mesmo se estou em casa fazendo previsões ou escrevendo, não ando por aí sem nenhuma vaidade em relação à aparência.

Acho que o velho adágio sobre "moderação em todas as coisas" está certo, e não aponta apenas para aquilo que ingerimos: ele também nos adverte contra o perigo de sermos frívolos em relação ao dinheiro, palavras ou ações. Realmente gosto de me arriscar um pouco e adoro fazer compras, mas não gasto muito nem caio na farra. Se você faz qualquer coisa em excesso, isso pode ser estressante a ponto de causar um enorme impacto no bolso e na saúde.

Você nunca deveria sair correndo por aí dizendo às pessoas que é um viajante místico, porque esse é um juramento silencioso entre você e Deus, e ninguém mais precisa saber.

Eu gostaria de mudar de assunto por um minuto e avisá-lo sobre uma eventual organização, sociedade ou igreja que esteja controlando. Uma vez que você entra em um grupo, ele se torna secreto. Já vi uma associação na TV que controla o peso de seus membros, o que eles comem, que remédios tomam, aonde vão e o que dizem. Por favor, não caminhe quando estiver se afastando de um grupo desses: corra para longe! Vemos esse tipo de grupo surgindo por toda parte, e, se existe algo próximo a um movimento antiespiritual, é isso. Tenha discernimento e seja cauteloso com qualquer um que queira assumir sua vida; sua alma diz respeito somente a você e Deus, e a ninguém mais.

É por isso que sou tão paranoica e, repetidamente, digo: "leve com você o que quer e deixe o resto para trás". Simplesmente ponho para fora a informação verdadeira como sei que ela é, e você tanto pode rejeitá-la como aceitá-la. Sei que todos os ensinamentos e filosofias de que partilho são inspirados por Deus. Sei também que a alma reconhece a verdade... Mas pode não estar pronta para ela.

Finalmente, eu lhe peço que tenha em mente estas palavras de Francine: "Deus está a nosso serviço. Nós estamos a serviço de Deus. Cada um de nós está a serviço um do outro... isso nos torna um todo". Nossos Pais nos dão a opção de homenageá-Los através de nossas ações; fazendo isso, obtemos serviço e ajuda Deles. Colocando de forma simples: nunca somos deixados sozinhos por nossos amorosos e clementes Criadores.

Sei que pode ser difícil investir contra milhares de anos de tradição e programação para chegar ao que é real, mas, uma vez que o faça, você descobrirá tanto! Perceberá que essas verdades, há muito escondidas, ajudarão sua alma a tornar-se muito mais pacífica e ainda assim estimulada, porque você estará finalmente tendo respostas lógicas e honestas para suas perguntas.

Capítulo 4
Dogma, darma e carma

A propaganda pode ser uma ferramenta muito poderosa. Alguns governos na Rússia e na Alemanha nazista a usaram de forma muito efetiva, e ainda é utilizada assim na China e na Coreia do Norte. Nos Estados Unidos, podemos ver como as agências de publicidade e a mídia a empregam todos os dias. No que diz respeito aos ditos jornalistas, parecem sempre seguir o velho axioma "más notícias fazem as manchetes", então uma história trágica é como dinheiro no banco.

A propaganda funciona tão bem porque basicamente programa a mente humana, por isso você precisa estar sempre atento ao tipo de mensagem que está recebendo – especialmente quando ela vem da religião e da sociedade. Quando está sujeito a uma contínua programação negativa, ela tem tal efeito sobre sua alma que pode atrasar seu desenvolvimento espiritual.

Se vai a uma igreja, sinagoga, templo ou mesquita, realmente ouça e descubra se seu líder religioso tende a enfatizar o negativo ou o positivo. Se for o último caso, você pode ter alegria em sua fé e verdadeiramente adorar a Deus da maneira que quiser. Mas, se for o caso anterior, atenção.

Observe se está sendo programado com negatividade, tal como a intolerância (os sermões não deveriam menosprezar outras crenças ou práticas); o medo de Deus (lembre-se de que nossos Criadores são amorosos e misericordiosos); a culpa (fique atento ao fato de alguém ser chamado de "pecador" ou "indigno", de lhe dizerem que sua alma não será salva a menos que você faça isso ou aquilo ou de lhe pedirem cada vez mais dinheiro); e a hipocrisia (nenhum dogma ou credo é a única forma de salvação).

Qualquer religião que não seja magnânima ou tolerante com outros sistemas de crenças ou mesmo outras seitas da mesma fé pode ser muito negativa e certamente dá uma falsa impressão do que é a verdadeira espiritualidade. Proteja-se prestando atenção a qualquer coisa que lembre uma propaganda tentando lhe fazer uma lavagem cerebral. Acima de tudo, tente manter tudo da maneira mais simples possível, amando a Deus de todo coração e alma e seguindo a regra de ouro de fazer aos outros aquilo que gostaria que lhe fizessem. A verdadeira espiritualidade é básica e completa, e qualquer um pode chegar a ela, apesar de tradições religiosas e da preponderância da sociedade corrompida pela riqueza e pelo poder.

Infelizmente, muitas pessoas confundem espiritualidade e religião. Muitas vão à igreja e pensam que são espiritualizadas por isso; realmente, algumas delas são. Praticar a fé é admirável e bom, mas você deve fazê-lo com motivação e intenção puras. Sempre que ela se tornar uma obrigação e não uma alegria, a espiritualidade sairá pela janela. Ser devoto não é apenas ir à missa ou voltar-se para o oriente para fazer orações cinco vezes por dia – é, verdadeiramente, ser o mais parecido possível com Deus... E você não precisa seguir uma religião para fazer isso.

A verdadeira chave para ser uma pessoa espiritualizada é tentar viver *todos os* dias de maneira espiritualizada. Ir à igreja não fará isso, porque tudo deve vir de dentro. De fato, Francine diz que a igreja está dentro do próprio corpo, alma e mente, porque Deus está em todo lugar. Muitas pessoas declaram aceitar a espiritualidade, mas não vivem para ela. Claro que nós todos cometemos erros, mas os corrigimos e seguimos em frente. Se não o fazemos – ou deixamos de seguir os dois mandamentos básicos, "não fazer aos outros aquilo que não queremos que nos seja feito" e "amar a Deus com todo coração e alma", então não estamos vivendo como todos os seres humanos deveriam estar.

Atingir a espiritualidade é o verdadeiro significado da "consciência de Cristo". "A palavra feito carne" não é nada mais que nossos Pais nos criando, seus filhos, como parte Deles mesmos e de suas imagens. Todos nós somos "a palavra de Deus", que nos trouxe à vida para que pudéssemos glorificar e aprender. Podemos ser mensageiros para neutralizar a energia neste plano negativo e temporário da existência, isto é, podemos ser pilares de luz para brilhar na escuridão. Se somos mandados a alguns lugares e não entendemos por que, logo descobriremos que é para edificar colunas de luz, de conhecimento espiritual... No final das contas, perceberemos que somos as colunas de luz.

MEDO E CONCEPÇÃO ERRÔNEA

Todo o conceito da busca pela espiritualidade é, em determinado sentido, um chamado. Vemos tantas pessoas que responderam ao chamado tornando-se padres, pregadores, monges ou freiras, enquanto outras fazem trabalho voluntário, protestam contra as injustiças ou contribuem para instituições beneficentes. A maioria é bem-sucedida, e muitos podem ser elogiados, mas, para alguns outros, suas atividades são apenas um disfarce para a hipocrisia.

A hipocrisia é o assunto sobre o qual Jesus falou o tempo todo e uma das maiores armadilhas que você encontrará na vida. Se pensar nela, verá que toda a sociedade está sobrecarregada por ela de muitas maneiras.

A religião está particularmente cheia de hipocrisia, especialmente quando é levada a extremos; por exemplo: ela prega "ame o próximo" e então instiga guerras e terrorismo. A Igreja Católica admite suas muitas atrocidades (ainda que se desculpe com alguma fanfarronice), mas então muda de assunto e diz que o papa é infalível. As religiões católica e protestante pregam contra o homossexualismo e as práticas sexuais pecaminosas – jorrando intolerância e instigando crimes por ódio –, mas são parte de todo tipo de escândalo envolvendo pastores e padres. Por isso Rodney King fez a famosa pergunta: "nós nos entendemos?".

As religiões organizadas padecem de um problema abrangente e básico: concentram tantos dogmas criados pelos seres humanos que estão presas em armadilhas dentro de suas próprias regras e regulamentos. Em vez de colocar a palavra de Deus de maneira simples, os líderes a complicam com aquilo que *eles* acham ser um comportamento humano certo e decente. E as peças frequentemente não se encaixam, causando mais problemas do que eles podem resolver.

Constantemente fico impressionada com a forma como as pessoas ouvem e seguem cegamente aqueles que estão "supostamente" a serviço de Deus, mesmo que estes só preguem sobre o fogo do inferno e o enxofre. Você conhece o tipo: os pregadores evangélicos e ultraconservadores, que estão sempre martelando sobre um Deus furioso, vingativo e que castiga, que irá mandá-lo para a condenação eterna a menos que você siga o que *eles* dizem. Esses homens (embora existam também mulheres) tendem a ser os que regularmente enfatizam o medo, de forma a manter seus rebanhos sob controle e contribuindo com seus cofres. "Satanás" ou "o diabo" está aparentemente em quase todas as frases, e os demônios que nos "possuem" ou nos fazem ir pelo "mau caminho" são continuamente mencionados. Ninguém pensa com lógica ou claramente quando faz parte dessas congregações?

Pessoas instruídas normalmente sabem quando ferramentas psicológicas são usadas para tentar controlá-las, mas eu conheço indivíduos *altamente* cultos que parecem atirar para longe seu cérebro tão logo entram nesse tipo de igreja ou tenda de espetáculos evangélicos. Sei que estou me colocando abertamente e falando sobre isso de forma apaixonada, mas fico muito irritada ao ver como esses supostos homens de Deus perpetuam a negatividade o tempo todo. Tudo o que fazem é observar o medo inato que a espécie humana tem diante do desconhecido e utilizá-lo em vantagem própria. É triste e errado... e nos leva de volta à escuridão da Idade Média, quando as pessoas eram amarradas a um poste e queimadas vivas.

Por alguma horrível razão a religião tem, geralmente, concentrado esforços em enfatizar a negatividade e o castigo em vez de tentar confortar as pessoas com pensamentos positivos e afirmar a bondade e o amor de Deus. Acho que é porque os responsáveis por ela pensam que todos estão propensos à "tentação" e aos "caminhos pecaminosos" e que a natureza humana, sendo o que é, se inclinará em direção a um comportamento negativo. A verdade pura e simples é que este planeta *é* negativo por natureza, e todos nós encaramos a escuridão todos os dias de nossa vida. Mas, em vez de tentar aliviar essa escuridão por meio do amor e de mensagens positivas, a religião só adiciona mais negatividade. Com tudo isso, dar uma falsa impressão de Deus e de Jesus Cristo é a maior das tragédias.

Tantas vezes ouvi pregadores e outros religiosos clamarem: "Jesus disse isto, mas o que ele queria verdadeiramente dizer era aquilo". Não, não era. Francine insiste que o que Jesus disse era o que ele queria dizer e fez o que era esperado que fizesse, sem nenhuma segunda intenção ou algo escondido. Ele nunca alegou que veio para morrer por nossos pecados – Paulo introduziu isso muitos anos depois da crucificação, quando escreveu suas Epístolas (um aparte: odeio quando seguidores zelosos colocam abertamente palavras na boca de alguém a quem estavam seguindo, depois que ele morrem, e então pronunciam essas palavras como verdade absoluta).

Paulo, um zelote, se alguma vez existiu algum, nunca encontrou Cristo... E nem o fizeram os escritores dos quatro Evangelhos canônicos que são atribuídos a Mateus, Marcos, Lucas e João. Estudiosos da Bíblia sabem que esses Evangelhos foram escritos muitos anos depois da crucificação, mas esse fato não é muito divulgado. Consequentemente, muitas pessoas acreditam que eles realmente foram escritos pelos apóstolos (não foram) e que Paulo era, ele mesmo, um apóstolo (nunca foi).

Por que a fé cristã perpetua tais falsidades até o dia de hoje? Porque no princípio os líderes da Igreja escolheram ser *apostólicos*, o que significa que seguiam os ensinamentos dos apóstolos. Por todas as pretensões e propósitos, eles até escolheram fazer de Paulo um apóstolo – afinal, o cristianismo definitivamente segue suas instruções mais do que a de qualquer outro, incluindo aquelas fornecidas pelo próprio Jesus.

Quando a batalha entre as primeiras facções cristãs finalmente acabou, o cristianismo paulino (relatado por Paulo) venceu, tornando-o a mais amplamente praticada forma de cristianismo atual. Então, quando você vai direto a ele, os ensinamentos cristãos são o resultado dos escritos de Paulo e de alguns monges obscuros, autores dos quatro Evangelhos. Some-se a isso a tentativa de maquinações políticas da regra romana, que atualmente é conhecida como "O livro da revelação", e pronto! Você terá o que chamamos de Novo Testamento... É triste, mas é verdade.

Certamente, não quero parecer superficial sobre isso, mas sempre sustentei que a Bíblia pode ser tão inspiradora quanto perigosa. Muito dali tem natureza alegórica, e ainda assim é interpretado literalmente. Ela é, frequentemente, chamada de "a palavra de Deus", mas os estudiosos da Bíblia sabem muito bem que foi escrita por seres humanos.

Também acho divertido que muitos cristãos incorporem o Velho Testamento em seus ensinamentos, mas se voltem e condenem a fé judaica. Cristo era judeu, mas veio para mudar muitas das perspectivas judaicas, tradições e leis por meio de pregações sobre um Deus pleno de amor, de misericórdia e perdão. Esses ensinamentos evoluíram mais ou menos na fé cristã, apesar de todas as alterações e más interpretações perpetuadas por aqueles que o seguiram.

Cuidando de nossa fé

Deve parecer que às vezes me repito ao discutir alguns desses tópicos, mas é porque tenho aversão às táticas daqueles que tentam converter ou controlar outras pessoas. Canso-me dos evangélicos e das igrejas conservadoras que usam Deus como arma de intimidação e medo. Para eles, todas as pessoas são pecadoras e estarão impedidas de entrar no céu a menos que sigam certos ensinamentos e, sobretudo, sustentem certo ministério com suas doações. A arrecadação de fundos e os métodos de pagamento de dízimo podem ser censuráveis, e me lembram as velhas práticas de venda de indulgências da Igreja Católica. Não há nada de errado em receber uma recompensa por um trabalho feito, mas esperar que as pessoas compartilhem o dinheiro que não têm em nome da "salvação" ou para assegurar um lugar no céu é perverso e ganancioso. Ouvimos esses indivíduos dizerem: "você não será salvo nem entrará no reino dos céus a menos que doe" ou "sustente nosso ministério e nós rezaremos para que seus pecados sejam perdoados". Eles usam ainda outros métodos de intimidação: podem dizer que há um demônio em você, por exemplo, e a única maneira de ser salvo é doar dinheiro ou seguir aqueles ensinamentos. Parece que tudo é baseado em pecado, no inferno, no diabo e num Deus colérico. Vi muito disso, e para mim chega. Acredito do fundo de minha alma que você pode dar às pessoas ferramentas e orientação, mas *nunca* deveria lhes dizer que a sua maneira é a única.

Claro, eu adoraria que todos vocês se tornassem membros de minha igreja e acreditassem cem por cento no que digo, mas isso não é muito realista. Considero verdadeiro aquilo que conheço, mas minha verdade pode não ser a sua, ou você pode escolher não aceitar todas as coisas que eu aceito. Simplesmente tento ajudar quem posso, mas certamente não é obrigatório que você assine embaixo de todas as minhas crenças. Eu jamais diria àqueles que discordam de mim que estão amaldiçoados ou serão "deixados para trás". Ninguém jamais deveria ser deixado para trás porque não acredita em Jesus, digamos assim. Afinal, Maomé e Buda também são verdadeiros mensageiros de Deus.

Acho que sendo espiritualizado simplesmente, não importa a que grupo ou credo se junte, você estará, verdadeiramente, pegando um atalho para seu objetivo de desenvolvimento espiritual. Sim, eu sou cristã porque essa é minha preferência, mas o cristianismo não é o único credo que adora, ama e honra a Deus; se eu fosse budista, muçulmana, judia ou hinduísta, nunca sentiria que nossos totalmente amorosos Criadores seriam tão caprichosos e humanizados a ponto de escolher favoritos... Se criaram a *todos*, como poderiam?

A lógica, por si só, nos diz que a maioria das religiões é mal-informada ou incorreta se seus dogmas insistem que seremos condenados a algum inferno caso não acreditemos naquilo que elas fazem, e o uso do medo não tem lugar na verdadeira espiritualidade.

Ninguém, mas absolutamente ninguém, será deixado para trás – é cruel e elitista pensar que apenas um seleto grupo será salvo, enquanto os outros milhões de almas (que Deus também criou) serão relegados a alguma forma de inferno e punição eterna.

Muitos fundamentalistas não permitem nem mesmo que seus seguidores leiam obras de outras religiões. Para fundamentalistas cristãos, apenas a Bíblia é permitida; para os fundamentalistas muçulmanos, é o Corão. Aqueles que são responsáveis pelas igrejas gostam de dizer que ler outros livros espirituais espalha a corrupção, porque esses trabalhos são diabólicos e falsos – mas, se têm tanta certeza de que estão certos, deveriam deixar seus rebanhos lerem *tudo*. Quero dizer, eu penso que, se estão tão seguros em suas crenças, teriam de permitir que seus membros lessem o que quisessem... A razão por que não o permitem é o fato de estarem realmente muito inseguros. Acho que a melhor defesa para suas crenças é um ataque potente de medo e condenação para aqueles que seguem seus ensinamentos.

Além disso, no sistema de religiões como o cristianismo e o islamismo estão seitas muito conservadoras, que afirmam que aqueles que não seguirem seus preceitos não serão salvos nem terão chance de ir para o Outro Lado.

Pense nisso... Significa que Moisés e todos no Velho Testamento não conseguiram ir para casa porque não eram cristãos nem muçulmanos. Agora eu concordo, estou sendo um pouco extremista aqui, e tanto o cristianismo quanto o islamismo, realmente, rendem homenagens a seus predecessores judeus; mas e quanto aos milhares de pessoas que nunca ouviram falar em Cristo ou Maomé? E os bons e sagrados povos que seguem uma fé diferente? Muitos desses indivíduos estão fazendo melhores trabalhos e ajudando mais pessoas do que o resto de nós sobre a Terra.

Nada disso faz sentido a menos que você perceba que tanto o cristianismo quanto o islamismo estão batalhando por novas conversões, e as exigências sobre seus seguidores ficarão ainda piores à medida que o medo de perdê-los aumentar. O islamismo é a religião que cresce mais rapidamente hoje; e, ainda que o cristianismo esteja perdendo membros, luta bravamente. Grave minhas palavras: a "guerra" entre as duas maiores religiões do mundo vai esquentar, e ambas se tornarão mais intolerantes – especialmente entre elas. Isso é tão trágico!

Sei que estou de volta a meu palanque e que estou ficando um pouco enfadonha, mas é somente para fazer com que você pense logicamente, assim como espiritualmente. Qualquer um que insista "eu sou o melhor!" está pré-julgando os outros, e o subproduto inevitável disso é o fanatismo.

Hoje mesmo falei ao telefone com uma mulher que estava histérica porque os quatros filhos haviam decidido se tornar budistas. Ela estava preocupada com o fato de que não seriam salvos ou estariam irremediavelmente perdidos. Perguntei-lhe de onde tirara a ideia de que Deus não havia criado Buda também – o que a fizera pensar que ele também não era um viajante místico? Afinal, almas muitíssimo evoluídas são encontradas em todos os caminhos da vida e em todas as religiões.

Por favor, reserve um momento para ler as Beatitudes, proferidas por Jesus no Sermão da Montanha:

Bem-aventurados os pobres de espírito, porque deles é o reino dos céus.

Bem-aventurados os que choram, porque serão consolados.

Bem-aventurados os mansos, porque herdarão a Terra.

Bem-aventurados os que têm fome e sede de justiça, porque serão saciados.

Bem-aventurados os misericordiosos, porque alcançarão a misericórdia.

Bem-aventurados os puros de coração, porque verão a Deus.

Bem-aventurados os pacíficos, porque serão chamados de filhos de Deus.

Bem-aventurados os que são perseguidos por causa da justiça, porque deles é o reino dos céus.

Bem-aventurados sereis quando vos caluniarem, quando vos perseguirem e disserem falsamente todo o mal contra vós por causa de mim.

Alegrai-vos e exultai, porque será grande a vossa recompensa nos céus, pois assim perseguiram os profetas que vieram antes de vós (Mateus 5:3-12).

Agora compare com o Nobre Caminho de Oito Passos de Buda, que é divido em três categorias básicas: sabedoria (a visão correta e a intenção correta), conduta ética (a fala correta, a ação correta e o correto meio de vida) e disciplina mental (o correto esforço, a atenção correta e a concentração correta).

Vê o quanto eles são semelhantes em espírito?

Quando começaram, a maioria das religiões não era religião alguma; em vez disso, eram mensagens espirituais que viajantes místicos como Jesus e Buda mostraram e esperaram que as pessoas as seguissem. Perguntei a muitas pessoas com o passar dos anos: como poderia Cristo ser cristão? O que ele faria para... seguir a si mesmo?

Como você pode ver, aqueles que simplesmente se unem a uma crença ou leem apenas um livro religioso se tornam pessoas com visão limitada; colocam-se numa posição de não questionar aquilo que lhes é dito. Como viajantes místicos, não podemos nunca censurar ou julgar tais pessoas, mas podemos sentir pena delas, porque não são capazes de experimentar muitos tipos diferentes de pensamento, ideias e filosofias.

Eu sempre digo que *julgo a ação de julgar*. Francine me disse que verdadeiramente gosta dessa frase, e muitos daqueles do Outro Lado a estão usando agora.

Um grupo de pesquisa uma vez perguntou a meu outro guia, Raheim: "como podemos 'limpar' o dogma criado pelos humanos?".

Ele respondeu: "vocês, enquanto entidades espirituais, devem sempre professar contra ele. Nunca o eliminarão, porque ele é parte da negatividade deste planeta; assim sendo, ele é uma experiência de aprendizado na qual as pessoas podem tanto romper com ele ou ser envolvidas por ele. As entidades espirituais sempre rompem com um dogma tão opressor e ilógico – mas, como a maioria das coisas da vida, ele é um teste.

Aqueles que são envolvidos em tais dogmas acharão muito difícil para sua alma evoluir espiritualmente".

Voltando à gnose

Não ligo se você viver até os 200 anos (quem iria querer?); este planeta não é seu lar eterno. É somente um local transitório para aprender; é, como eu disse muitas vezes, na melhor das hipóteses, "um *camping* ruim".

Mas aqueles de nós que encarnaram podem viver com alegria e conseguir um bom nível de conforto sobre a verdade a respeito de estarem aqui e para onde estão indo, deixando para trás, portanto, o dogma humano de enriquecimento. A vida não é fácil porque realmente nos dá a dimensão da solidão, da futilidade e do afastamento de Deus, mas conhecer a verdade a torna muito mais fácil.

Uma vez que adotemos um ponto de vista gnóstico, tornamo-nos livres da culpa, de um Deus odioso que nos condena e assim por diante. *Gnosticismo* é apenas uma palavra que significa que a viagem de uma alma inclui procurar um Pai e uma Mãe amorosos, assim como saber que nosso tempo aqui na Terra é curto, devendo ser gasto somente para aprender sobre Eles. Acreditamos, como Cristo acreditou, que "o meu reino não é deste mundo".

Vivendo tantas vidas, você é capaz de ter todos os tipos de experiência para Deus. Todas as alegrias humanas, e as decepções dentro dessas existências, criam a maneira na qual você se guia para a gnose. A g*nose* significa que você aprendeu por si só a evoluir – é a procura pela sua própria verdade.

A gnose é tão ampla e universal que as pessoas conseguem, em suas últimas vidas, entender completamente a simples mensagem que Jesus e outros ensinaram: *amar a Deus, fazer o bem, e então você irá para Casa, para o Outro Lado.*

O notável é que, quando você olha para trás, para o tempo antes de a religião formal assumir o controle, todas as entidades em vida obtiveram a gnose. Claro, elas podem ter rezado para o Deus Sol ou tentado apaziguar a Deusa Chuva ou o Deus Vulcão com sacrifícios, mas eram simplistas em seus comportamentos.

Os filósofos gregos da Antiguidade tinham essa simplicidade; as crianças ainda a têm, inata, hoje em dia, pelo menos até alguém vir confundi-las. (Justamente por isso as crianças com frequência se lembram de vidas passadas, veem seus guias e seres amados que já faleceram, mas, à medida que crescem, perdem essa habilidade, porque outras pessoas lhes dizem que isso não é real.)

Então, houve uma agitação quando os líderes paternos assumiram e começaram a falar por Deus ou Jesus, ou quem quer que o mensageiro fosse. Assim, se qualquer um tentasse manifestar a filosofia gnóstica, seria provavelmente considerado herege e morto. Veja os milhares de mulheres assassinadas acusadas de serem "bruxas", quando na verdade eram curandeiras; os cientistas que foram condenados à morte por dizer que o mundo não era plano ou que a Terra girava em torno do Sol, e assim por diante.

Naquele tempo, os poderes que queriam suprimir qualquer novo pensamento e seus fervores levavam a ações como a queima da Biblioteca de Alexandria. Acredito que essa foi uma das mais horríveis atrocidades da história da humanidade, porque perdemos muito conhecimento num único ato.

Francine afirma que a biblioteca continha livros que carregavam informação sobre óvnis e a influência alienígena nas culturas primitivas da Terra, assim como ótimos trabalhos filosóficos, espirituais e históricos que agora estão perdidos para sempre. (Felizmente existem cópia deles do Outro Lado.)

Homens e mulheres, de forma geral, mantinham tradições orais, e é por isso que não restou muita coisa das culturas antigas na forma escrita. As pessoas não eram encorajadas a ler e escrever, porque os legisladores e líderes religiosos queriam o poder sobre esses assuntos. Quanto mais você pesquisa por si, mais pode formar seu próprio pensamento gnóstico. E é para isso que existem os viajantes místicos aqui: para espalhar a luz e o esclarecimento.

Os viajantes místicos podem se casar, ter filhos, administrar negócios e viver a vida fora do confinamento de uma abadia, monastério ou convento. A razão pela qual a Igreja Católica rejeitou o casamento para padres e freiras foi puramente financeira, isto é, ela não queria manter suas famílias. Nos primeiros dias da religião, as mulheres eram como os padres, distribuindo conselhos espirituais, e os próprios padres podiam se casar e possuir família. A história sustenta que alguns papas eram casados e tinham filhos: mesmo o papa Pio XII vivia com uma freira, a quem os íntimos chamavam de "a Papisa". Por que Deus se incomodaria se procriássemos? Essa não é uma das razões pela qual decidimos descer para aprender, de forma a criar veículos para outros virem?

A Igreja também se opõe ao controle de natalidade, o que, claro, lhe traz mais membros. Eu costumava me espantar com o fato de os padres não poderem ter filhos quando eles mesmo construíram o dogma para todas as outras pessoas terem tantos quantos pudessem. Existe também a regra segundo a qual, se uma mulher grávida está em perigo de morte, salva-se primeiro o bebê, deixando a mãe morrer. Eu costumava discutir com padres e freiras sobre isso até ficar roxa, embora muitos não quisessem entrar na discussão, limitando-se a dizer que é como é. E eu voltava ao assunto com: "... mas Jesus nunca disse". Neste ponto, eu era prontamente interrompida e me era dito, com muita firmeza, "agora chega, Sylvia". Mas não estou me referindo apenas ao catolicismo, porque outras religiões também têm regras ridículas feitas por humanos.

Você precisa seguir alguma uniformidade, como seguimos em nossa Sociedade dos Novos Espíritos em relação às roupas e cores, mas isso é apenas para permitir que as pessoas saibam que somos gnósticos. Nossos serviços permanecem puros, e ninguém diz à congregação o que fazer ou não... A informação espiritual que fornecemos não é, de forma alguma, dogmática, diferentemente de muitas religiões que ameaçam com o inferno ou castigo aquele que quebra as regras.

Como viajante místico, ou mesmo se simplesmente deseja elevar seu conhecimento e espiritualidade, você deveria ler e pesquisar não apenas na Bíblia, mas também no Talmude, no Corão, na Bhagavad Gita, no Livro Egípcio dos Mortos, nas Escrituras

Budistas e assim por diante. Você descobrirá que muitos desses trabalhos podem ser lindos em sua simplicidade. Quando examinar cuidadosamente todos eles, descobrirá que levam ao mesmo lugar: *Ame a Deus, não se machuquem uns aos outros e ame ao próximo como a si mesmo.*

Como os cruzados de antigamente, os viajantes místicos cortam os excessos, por assim dizer. Por mais estranho que possa parecer, eles nunca estão num "estado de fé", mas, em vez disso, num de "conhecimento". Todas as entidades, especialmente as espirituais, vêm com uma etiqueta onde se lê: FAÇA O BEM E EVITE O MAL. Claro que isso não funciona se você se senta e deixa que todo mundo diga o que deve fazer, ou que Deus não o perdoará por algo que fez ou deixou de fazer.

Ninguém o julga, a não ser você mesmo, e, se você é um verdadeiro seguidor da Bíblia, então Deus o abençoa. Mas, o que quer que siga, sinta-se confortável com isso e abrace-o de todo o coração. Se você é um viajante místico, descobrirá que deve abraçar também o que há de bom em todas as religiões. Por exemplo, tenho uma mezuzá na porta de minha casa, e dentro dela tenho uma cabeça de Buda e outras estátuas budistas; uma pintura de Krishna; várias estátuas de deuses hindus, Kuan-yin e a Virgem Maria; muitas cruzes e dúzias de ícones e pinturas de Jesus. Parece uma casa de muitas religiões, as quais amo.

Sinto que, se alguém pode mantê-lo numa caixa, então esse alguém tem o controle sobre você. Como Francine diz, "não viva sob quaisquer normas, exceto as do seu próprio Deus central". Meu lema sempre foi: "você é o seu próprio templo. Você é a consciência viva de Cristo, e o Espírito Santo se move através de você neste mundo caótico".

Darma *versus* carma

Frequentemente se faz muita confusão sobre a diferença entre carma e darma. O *carma* é experimentar a Deus, e uma pequena parte dele é a crença de que o que você faz volta a você. Em outras palavras, se você cria devastação ou dor na vida de alguém, com verdadeiro propósito ou motivo para fazê-lo, elas voltarão para você. Entretanto, se ferir alguém *inadvertidamente*, não haverá castigo.

Diferentemente do que algumas pessoas pensam, o carma acaba a cada vida. Enquanto podemos carregar a memória da célula das feridas, fobias e traumas de uma vida para outra, não trazemos conosco o castigo cármico. Muitos se confundem quando a alma não realiza tudo o que quis numa vida, e então escolhe outra existência similar, de forma a completar sua educação. Isso não é da natureza cármica; trata-se simplesmente de concluir a experiência ou lição que a alma queria aprender em primeiro lugar.

O darma, por outro lado, tem mais a ver com assumir a responsabilidade por sua vida e seu caminho, e fazer isso com boa conduta e virtude. Os viajantes místicos têm bastante darma, mas seus caminhos não são negados. Em vez disso, eles se tornam mais e mais acentuados – os altos serão mais altos e os baixos mais baixos serão.

Alguns aspectos do darma que você pode aceitar como viajante místico:

- Ser um ótimo pai/mãe que ajuda meninos e meninas e/ou famílias.

- Cuidar de idosos ou de crianças.

- Tornar-se mãe ou pai para uma criança adotada.

- Trazer harmonia para dentro de sua família (a menos que ela seja formada por entidades obscuras).

- Escrever trabalhos espíritas.

- Ser uma entidade, como padre ou freira, que dá bênçãos e reza pelas pessoas.

- Ensinar, pregar ou ser um confidente para outra pessoa.

- Prover de conforto todos aqueles que vêm até você (assim como a você mesmo).

- Servir à humanidade de qualquer modo, em grande ou pequena escala.

- Ser alguém que dá vida – isto é, alguém que traz esperança, ajuda e verdade.

Você pode dizer: "Bem, eu tenho feito isso" – e a maioria das pessoas tem, mas não é tão simples quanto parece. Você deve ir além de ser pai dos próprios filhos para alcançar outras almas na comunidade. Dessa forma, você lhes trará o conhecimento do amor de seus maravilhosos Criadores, como fez Jesus.

Capítulo 5
Nomes escritos em ouro

Francine ensina que, uma vez que aceite o manto de viajante místico, você poderá ter, para sempre, uma maravilhosa vida espiritual. Você não se interessará mais por padrões sociais, riqueza, materialismo, longevidade e coisas assim – saberá que o Outro Lado é seu lar eterno e que este lugar chamado "Terra" é transitório em comparação a ele.

Claro que pode ainda viver bem ou aproveitar os frutos de seu trabalho honesto, mas estes sempre virão depois da vontade de Deus e do que seus pais desejam que você faça. Como alma evoluída, você é um peregrino ou pioneiro; quando o tempo passa e seu trabalho por Eles sofre sua influência, você não se sente mais como se fosse o único numa estrada solitária, porque outros se colocarão em fila atrás de você ou irão mesmo caminhar a seu lado.

De acordo com meu espírito-guia, os nomes dos viajantes místicos estão escritos em ouro do Outro Lado. É semelhante aos prêmios e honrarias oferecidos a estudantes, filantropos, artistas, humanitários, cientistas e tantos outros em todos os campos de esforços deste planeta.

Todos aspiram a algum tipo de reconhecimento, e isso não acaba quando chegamos ao Lar. Francine também relata que o reconhecimento do qual essas entidades falam tem que ver com o maior respeito, o que faz sentido para mim: qualquer um que tenha trabalhado incansavelmente para elevar-se e evoluir espiritualmente com certeza merece ser mais aclamado do que aqueles que caem na apatia ou na mediocridade.

Viagem mística

Francine afirma que, qualquer que seja o caminho que escolher como viajante místico, você acabará direcionando outras pessoas. Enquanto alguns seres humanos podem ajudar outros porque gostam de seu trabalho ou do dinheiro que ele traz, o que conduz entidades evoluídas é o desejo de aprender, evoluir e trabalhar para Deus.

Meu guia uma vez disse a alguns dos ministros da minha igreja que, depois que sua instrução sobre os viajantes místicos tivesse terminado, eles poderiam sair e nunca mais voltar – mas, invariavelmente, encontrariam seu próprio nicho no qual poderiam ajudar as pessoas a entender nossos amorosos Criadores e fazer o máximo de bem que pudessem, mesmo por meios modestos. Ela explicou que, ajudando os outros e fazendo pequenos atos de gentileza, as partes integrais da fundação para tornar-se um viajante místico estariam no lugar.

Como você sabe, ouvir o chamado para ser um viajante místico leva normalmente 20 anos, mas demora muito tempo para você considerar a ideia.

"Em seu mundo", Francine explica, "todas as coisas têm um tempo, mas não é assim do Outro Lado. Quando alguém se torna um viajante místico, há, às vezes, um período de tempo no qual você não confia em fazê-lo por 5, 10, 20 anos ou mais. A própria Sylvia carregou por 20 anos, em incubação, sua confiança em ser uma viajante mística.

Alguns de vocês podem protestar: 'Mas eu já comecei'. Não, você não o fez. Quando se senta e contempla, pode se surpreender ao descobrir que começou a questionar há muitos anos, talvez muito cedo na sua infância. Foi o nascimento de seu eu espiritual, mesmo que tenha ocorrido apenas em seu subconsciente. E, na verdade, que importa quanto tempo leva até você se tornar um viajante místico? Contanto que escolha entregar sua vontade, isso pode acontecer até mesmo em seu leito de morte".

De fato, meu espírito-guia diz que nunca deveríamos deixar de questionar, procurar ou pesquisar, porque todos continuam a fazer isso do Outro Lado, onde tudo está ligado à alegria e à descoberta.

Ninguém em tempo algum sabe tudo do Outro Lado, e a beleza é que todas as entidades estão constantemente aprendendo.

A VIDA DO OUTRO LADO

Por favor, tenha em mente que a eternidade é muito tempo, então as chances de sermos todos conhecidos do Outro Lado são basicamente de 100%. Você deve se lembrar de que viemos da centelha divina (que, claro, é Deus), então conhecemos uns aos outros em todos os lugares. Você pode pensar que isso é demais para guardar ou lembrar, mas é porque nós, humanos, temos sorte se usarmos um décimo de nosso cérebro. Quando estamos no Lar, nossa mente está funcionando em plena capacidade, então estamos atentos e podemos nos recordar. Estar com os milhões de almas que conhecemos e amamos é uma coisa gloriosa... Sem mencionar estar com Jesus, nossos guias e anjos, e a Mãe e o Pai Deus.

Realmente, existem alguns de quem somos mais próximos, assim como nossos melhores amigos aqui na Terra. Mas não deixamos de gostar das outras pessoas, porque esse tipo de emoção negativa humana não existe do Outro Lado, que é livre de mesquinharia, avareza, inveja e coisas assim. Enquanto amamos verdadeiramente, nos mantemos próximos a muitas daquelas almas com quem partilhamos nossa vida ou com quem sentimos proximidade desde o princípio. Sim, somos versões melhores de nós mesmos quando estamos em nosso Lar, mas ainda mantemos nossas personalidades individuais. De outra forma, seríamos todos os mesmos robôs amorosos, o que seria terrivelmente entediante.

Cada vida deu forma a nossa alma de forma diferente, não apenas por estarmos numa forma humana, mas também por ganharmos conhecimento e experiência que determinaram quem somos e onde estamos. É por isso que nos reconhecemos nesta vida e na do Outro Lado. "Pássaros da mesma plumagem realmente se aglomeram", mas nós amamos, honramos e respeitamos todas as criações de Deus.

Alguns podem ficar muito surpresos ao descobrir que agora, do Outro Lado, podem entender todas as coisas muito melhor, mesmo aqueles indivíduos que não podiam decifrar enquanto estavam na Terra. Então, novamente, seja muito cuidadoso quanto àqueles que julga – na verdade, você não deveria julgar de jeito algum, porque o que vê de seu limitado ponto de vista terreno pode ser completamente diferente quando entendido com a visão expandida do Outro Lado.

Os viajantes místicos encontram-se uns com os outros com bastante frequência, com o propósito de discutir suas próximas missões, partilhar experiências ou explorar formas de melhorar... O mesmo que velhos amigos que passaram por tanta coisa juntos. Além disso, são conhecidos como alguns dos melhores professores do Outro Lado. Francine diz que existem longos intervalos entre as tarefas que essas almas evoluídas estão ensinando e, claro, ainda aprendendo. Eles leem e pesquisam, mas também ouvem ou tocam música, frequentam eventos sociais para partilhar experiências e conhecimento com outros. Nunca tenha a ideia de que são melhores ou mais elitizados que qualquer outro, porque se misturam com todas as entidades.

Os viajantes místicos tendem a "se agrupar" quando estão numa missão especial – no resto do tempo você não seria capaz de distingui-los de outras entidades do Outro Lado. Em outras palavras, não ostentam seu *status* sobre qualquer pessoa, não têm privilégios especiais, não usam um tipo diferente de roupa, não portam um broche ou o que quer que seja. As entidades do sexto nível, que trabalham na orientação e ajudam as almas que chegam e que vão, são apreciadas pelo que fazem, e acontece o mesmo com os viajantes místicos. Entretanto, ninguém do Outro Lado é considerado melhor do que qualquer outro. Seria semelhante a ir a uma festa deste lado onde todo mundo fosse agradável e estivesse feliz e se divertindo – não acho que alguém se incomodaria se um fosse frentista de posto de gasolina e outro, presidente de empresa.

Todos os indivíduos têm seu valor e são iguais, especialmente no que diz respeito a nossos Pais. Na verdade, às vezes o que pensamos ser um trabalho mais modesto está sendo feito por algumas almas incrivelmente evoluídas... Isso ainda é outro exemplo do porquê de não podermos realmente "julgar um livro pela capa", nem podermos classificar as pessoas com base em sua profissão. As sociedades terrenas tendem a rotular homens e mulheres de acordo com sua estatura e riqueza, mas do Outro Lado não há julgamento, porque somos todos iguais.

—

Outro dia me perguntaram se, no final das contas, todos nós residiríamos neste planeta do Outro Lado. Respondi que a maioria de nós irá; entretanto, outros escolherão ir para outro mundo. A ironia é que, no fim dessa reencarnação esquemática, todos os Outros Lados existentes ficarão juntos e se tornarão um imenso Lar.

Quando os viajantes místicos morrem, com frequência são chamados para se tornar espíritos-guias. Muitas vezes até mesmo são chamados para encarnar em outros planetas, para tornar possível uma melhora por meio de ensinamentos ou da liderança – não tanto pela evolução de sua alma, mas para coletar dados. Agora, é verdade que todas as entidades podem visitar outros mundos e mesmo viver neles, mas não são coletores de dados. Essas almas evoluídas trazem ao Lar esse conhecimento para partilhar com todos, e também o introduzem nas pessoas que ainda estão vivas na Terra.

Os viajantes místicos que voltam de outros planetas com esse conhecimento não são considerados extraterrestres. São "ultraterrestres", o que significa que estão em sua própria forma espiritual e etérea, assim como estão aquelas que residem do Outro Lado. O termo "extraterrestre" é reservado àquelas almas que colonizaram este planeta milhões de anos atrás e o visitam para ver o que nós, humanos, fizemos com ele nesse período.

Eu, com frequência, penso que eles devem estar muito desapontados porque nós destruímos rios e oceanos, tivemos incontáveis guerras e cometemos horrores inacreditáveis uns aos outros. Ainda assim, tenho certeza de que se mostrarão mais e mais em menos de dez anos porque "o véu" entre nossos dois mundos está se tornando cada vez mais fino. Quando ele finalmente desaparecer, não apenas veremos os poucos fantasmas que ainda não acharam seu caminho para o Lar, mas também seremos capazes de ver nossos amados falecidos, anjos, espíritos-guias e outros seres espirituais evoluídos... E mesmo o próprio Outro Lado.

A verdade sobre as almas gêmeas

Os viajantes místicos podem ter almas gêmeas, se *elas* também forem viajantes místicos. Se não, eles se prendem a muitas almas semelhantes que, verdadeiramente, podem tomar o lugar de uma alma gêmea. De fato, essa é uma boa hora, a meu ver, para que discutamos de forma ampla o conceito de alma gêmea.

Se você olhar para a vida, quase tudo está em dualidade, então por que isso não seria verdade também para seres humanos? Sim, claro, existe outra metade de você.

Vocês foram criados em dualidade, como macho e fêmea, quase como almas irmãs gêmeas. Consequentemente, existe outra metade de você na existência que é idêntica de todas as formas, exceto por ser do gênero oposto. O problema é que você está mais inclinado a tentar encontrar o outro lado de si mesmo – aquela ampla alma gêmea –, mas as chances de encontrá-la na vida são de meio por cento.

Mesmo depois de todos os meus anos de palestras, eu poderia contar em uma mão aqueles que conheci cujas almas gêmeas estavam vivas ao mesmo tempo, e ainda sobrariam dedos. A razão de ser tão raro é que sua alma gêmea geralmente fica do

Outro Lado para ajudar a proteger você. Veja: a vida é tão casual às vezes, e mesmo caminhos escritos podem ter desvios ou rotas diferentes para finalmente alcançar seu destino. Então, se duas almas gêmeas encarnam ao mesmo tempo na Terra, com todo o seu caos e imprevisibilidade, existem chances de que elas nunca venham a se encontrar (a menos que estejam na mesma família, o que dificilmente acontece). As almas gêmeas acham mais eficaz encarnar alternadamente, em vez de encarar o desafio de, possivelmente, nunca se encontrarem durante a vida.

Enquanto a probabilidade de que sua alma gêmea esteja do Outro Lado é de 99,5%, não se esqueça das almas semelhantes, que são tão importantes quanto as outras. Como diz Francine, "você pode deixar sua alma gêmea por enquanto, mas tem uma missão a cumprir em algum planeta para Deus. Você está sempre em contato com ela; ela vem com você como seu guia, anjos e seres amados da vida, assim como no Outro Lado". Ainda assim, Francine afirma que, mesmo quando estamos no Lar, não permanecemos com nossa alma gêmea o tempo todo. Enquanto somos feitos como gêmeos, almas semelhantes são tão importantes para nós quanto são as almas gêmeas. Os viajantes místicos, especialmente, acham que não ficam com sua alma gêmea, mesmo se ela for também viajante místico – isso acontece porque eles vão a tantas jornadas singulares para Deus que ficam separados dela por um bom tempo.

Os viajantes místicos normalmente não trabalham juntos com frequência, a menos que haja necessidade de uma campanha, como um terremoto espiritual provocado por Deus. Nesses casos você pode ver certa quantidade de entidades evoluídas unindo forças para estabelecer um movimento, causa ou crença que terá efeito de longo alcance no planeta. Quando isso acontece, você poderá ver almas gêmeas vindo à vida juntas, mas isso é extremamente raro.

Mesmo quando nossa alma gêmea não encarna conosco, ainda temos pessoas maravilhosas com quem podemos interagir na vida. Nós todos encontraremos almas semelhantes em nossa jornada eterna, e eu, pessoalmente, acharia muito deprimente fraquejar por não encontrar minha alma gêmea, ignorando todos os seres amados que encontrei nesta vida, tais como meus ministros, filhos, amigos, netos e mesmo meus mais queridos animais.

Você pode formar laços fortes entre tais indivíduos que rivalizam com aqueles que você forma com sua alma gêmea. Como esta provavelmente não está aqui com você em vida, você perceberá que o amor entre almas semelhantes preenche o vazio e, maravilhosamente, ajuda a executar seus objetivos de espiritualidade e desenvolvimento.

Capítulo 6
As oito chaves douradas do conhecimento

Algumas das mais importantes ferramentas que nos são dadas na vida são chamadas de "as oito chaves douradas do conhecimento", cujo foco é a evolução de nossa alma. Às vezes pode parecer que evoluir é completamente impossível – mas, se você no mínimo tentou viver uma boa vida, então obteve uma boa porção de espiritualidade, e sua alma, realmente, evoluiu muito. Mesmo se você tiver caído algumas vezes, simplesmente tentar, de todas as formas, significa que você fez mais do que pensa.

As oito chaves douradas são: *fortaleza, clemência, honestidade ou honra, lealdade, gratidão, paranormalidade ou habilidade de cura, leveza* e *grande inteligência* (conhecimento inspirado). E, se é verdade que todos deveriam ser fiéis a esses conceitos, eles são obrigatórios para o viajante místico.

As chaves douradas em detalhes

Vamos examinar em detalhes cada uma das chaves, não somente para uma definição prática, mas também para termos um ponto de vista espiritual. Dessa forma, você se tornará mais instruído sobre os dons que elas trazem, junto com as armadilhas que poderá encontrar. Por favor, note que, mesmo se se desviar dessas chaves, isso não significa necessariamente que você está fora do caminho; significa que não está cumprindo seu papel como viajante místico.

Viagem Mística

1. Fortaleza

A primeira chave pode não ser o que você esperava: ela na verdade se refere à constância e persistência, mesmo em face da dor e da doença (assim como no caso de Montel, que precisa lutar continuamente com sua esclerose múltipla). Se a alma estiver fortalecida, você se surpreenderá em ver como o corpo também se fortalece. Temos vários exemplos disso em nossa vida cotidiana ao ver que pessoas com força de vontade têm vida longa e plena, mesmo depois que médicos lhes dão sentenças de morte. Assim, se a vontade não for forte, o corpo se dará por vencido, levando a pessoa à morte – quando não podem realmente atravessar para o Outro Lado, a centelha de vida se vai e eles se tornam vazios e sem propósito, como mortos-vivos. Muitos viciados em drogas estão nessa categoria, como se a chama de sua alma tivesse sido abafada; é como se não habitassem nem mesmo sua carapaça física.

Fortalecer-se também significa ser forte em face de todo o ceticismo e adversidade, e dar testemunho da verdade. Os viajantes místicos não podem ser silenciosos; eles devem ser como Jesus, suficientemente fortes para proclamar quem são e no que acreditam. Assim como Cristo fez, eles devem espalhar a palavra sobre nossos amorosos Criadores – mas nunca poderão empurrar "garganta abaixo" suas crenças, ou tentar converter contra a vontade. É importante que simplesmente deem respostas às perguntas que lhes são feitas e vivam pelo exemplo.

Finalmente, essa chave instrui os viajantes místicos a terem constância. A lamúria "quando vai haver tempo para mim?" deve ir embora das almas evoluídas, pois estas ficam normalmente de plantão para qualquer pessoa ou qualquer situação que necessite delas e serão capazes de descansar quando chegarem ao Lar. Não são "mártires" pela causa; são mais como flechas que voam através da escuridão de dias e noites, alcançando o alvo onde quer que sejam chamados para ajudar os outros e plantar colunas de luz e espiritualidade.

2. Clemência

A segunda chave é a planta na qual florescem as flores da compaixão e os botões do amor. Mas existem muitos tipos de amor: normalmente pensamos nele entre dois parceiros românticos, o que pode ser glorioso, mas o amor também se espalha por todos os tipos de pessoas, lugares, crenças, ideais e propósitos. Na verdade, o único amor que se mantém durante a eternidade é o de Deus e o seu próprio, seguido pelo amor de outros.

Os viajantes místicos devem amar a Mãe e o Pai Deus sobre todos os outros, e, com esse amor, tudo o mais vai para o lugar certo. O que você pode não perceber é que, se Os adora de todo coração e alma, então aquele sentimento transbordará sobre todos os Seus povos e criaturas. É certo buscar o amor de outros, porque *somos* entidades sociáveis e procriadoras, mas sem Deus tudo é raso e sem sentido. O que, verdadeiramente, me aborrece é ouvir as pessoas dizerem: "eu vou morrer se não conseguir isso ou aquilo". Esse tipo de sentimento é muito egoísta, porque ninguém deveria sobrecarregar o coração do outro a ponto de rejeitar a Deus. Existem muitos "nichos de amor" no coração humano – nos quais filhos, pais e outras pessoas de significado, e assim por diante, estão colocados –, mas Deus deve estar em nosso coração. Então, se você não se submete a nossos Criadores e não ama verdadeiramente a si mesmo por ter sido criado por Eles, você, definitivamente, não deveria aceitar o manto de viajante místico.

Lembre-se: você veio a esta vida para glorificar a Deus; foi criado por Ele, e encaminhou toda a vida para Ele. Foi criado para ser da maneira que é, a partir de muitos outros períodos de vida, e é único, porque não há nenhuma outra entidade como você em lugar nenhum do Universo. Suas experiências são por Ele, então seu sentido de si mesmo deveria glorificá-Lo.

Novamente, se não pode dar tudo a Deus, então não pode ser um viajante místico. Mesmo que não seja fácil, aceitar o manto certamente não significa que você deva refrear a ambição ou o empenho em ter um bom carro ou casa. Ninguém o quer em vestes de saco e cinzas, e a única maneira de você ser verdadeiramente pobre ou desprovido é não ter o amor completo e total de nossos maravilhosos Pais.

Quando se torna um viajante místico, pode parecer que está abdicando demais, mas, como poderá ver, você conseguirá muito mais em retorno. Você só precisa de coragem para largar o que acha que quer e precisa. Deixe-me parar por aqui e assegurar que casa, trabalho, carro e família não desaparecerão misteriosamente, mas tudo terá um novo significado. Chega o ponto em que o que você pensa que precisa ou quer de algum modo muda de natureza, e sua perspectiva de vida é alterada dramaticamente.

Clemência e compaixão entram em jogo com todos aqueles que são menos afortunados que nós, o que inclui uma boa parte do mundo. Muitos grupos de interesses especiais e caridade surgem da clemência, e os viajantes místicos com frequência estão no meio deles. Incontáveis indivíduos *sentem* a clemência, mas não agem segundo ela... enquanto as almas evoluídas o fazem. Eles se voltam contra aqueles que precisam de ajuda, incluindo os sem-teto e os indigentes, e sentem uma tremenda empatia enquanto fazem isso.

Você precisa ter muito cuidado para não se deixar cair nas ciladas de pessoas que não podem ser ajudadas, porque se tornam parasitas, que se alimentam de você emocional, mental ou mesmo financeiramente. Isso consiste em permitir aos outros que usem você, o que significa que você não os está ajudando de forma alguma.

É maravilhoso trabalhar com instituições de idosos ou jovens, começar uma obra de caridade ou simplesmente contribuir para uma organização sem fins lucrativos na qual você acredite de verdade.

Você pode ainda apadrinhar um garotinho ou garotinha da Fundação das Crianças Cristãs, para quem contribuo. A criança que escolhi tem agora 10 anos e está na escola. Ela me escreve contando seus progressos e me manda fotografias. Seu inglês é fruto de esforço, mas está melhorando a cada carta, e eu adoro escrever-lhe de volta.

Na verdade ela me custa alguns centavos por dia, e é indescritível como isso me faz bem. O interessante é que essa mocinha nasceu no mesmo dia (19 de fevereiro) de meu filho sensitivo, Chris; e acontece que a criança que ele apadrinha se chama Sylvia. Então, mesmo nos menores acontecimentos, você pode ver que não existe acaso.

3. Honestidade ou honra

A terceira chave é *honestidade ou honra*. A honra governa as ações e a fala, a maior parte relacionada a tratar os outros de maneira respeitosa. Cada pessoa é parte de Deus, então merece ser honrada, isto é, não presuma que a alma de um rei é mais evoluída que a de um mendigo. Além disso, é importante honrar seu país e dar-lhe o que é devido. Quando se trata dos Estados Unidos, por exemplo, muitas pessoas têm morrido para manter nosso modo de vida intacto. Os Estados Unidos não estão sempre certos em suas ações, mas seus princípios básicos de liberdade têm permitido a muitos regozijar-se em sua grandeza. Tenha em mente que *todos* os governos têm falhas, porque são criados por seres humanos imperfeitos.

A honra também vai até o fundo da alma – você precisa valorizar quem é e o lugar de onde vem e, principalmente, mostrar respeito a seus Criadores. Você deveria honrar seu eu físico, porque é o templo que abriga sua alma. Então, contenha os prazeres em excesso e o abuso de substâncias que possam arruinar sua saúde. Como você foi feito à imagem e semelhança de Deus, quando chegar ao Outro Lado terá um corpo glorificado, que brilhará com o fato de que você honrou a Eles e a você mesmo.

No que diz respeito à honestidade, pode ser mais difícil do que parece, porque às vezes ela precisa ser diferenciada de conceitos como decoro ou tato. Claro que você não deveria mentir, ser dissimulado ou fazer parte de qualquer atividade criminosa – existe uma honestidade universal, a qual está sempre presente em ações, palavras e obras. Então, quando uma mulher pergunta a você se parece gorda, em vez de apenas dizer "sim" é melhor ser gentil e diplomático.

Tente algo na linha: "Bem, a estampa do vestido que você está usando não é tão favorável como algumas das outras que eu já vi você usar. E mais: sei como você se sente – tenho me sentido meio 'fofinho' ultimamente e estou pensando em cortar um pouco os doces". Agora você formou uma parceria com a outra pessoa usando o tato, e incluindo a si mesmo... E não mentiu.

E se alguém lhe telefona e você pede para outra pessoa atender e dizer que você não está? Isso significa justamente o que você disse: você não está para aquela pessoa. Não se trata de mentir; você, genuinamente, não sente vontade de falar com aquela pessoa naquele momento. Por mais estranho que pareça, a pessoa que me aconselhou sobre isso foi um padre católico que conheci na faculdade (não que eu achasse que ele fosse a única autoridade de Deus); quanto mais pensava nisso, mais verdadeiro eu sentia que era. É basicamente o mesmo que não atender o telefone porque o identificador de chamadas indica que é alguém com quem você não quer falar, ou cujo número não consegue identificar.

Se a gentileza estiver envolvida, apostarei sempre num vencedor; e, se você apoiar suas crenças, não se decepcionará. A retidão e a verdade podem ser irmãs uma da outra, mas a falsa retidão nunca é verdade. Então, se você está atento às mentiras e à desonestidade, deveria revelá-las para um bem maior em vez de agir com intenção de vingar-se, ou para parecer mais importante. A verdade universal, que governa a todos nós, quer dizer que você deve ser gentil, atencioso, paciente e confiável. Se você é verdadeiro para consigo mesmo e seus próprios princípios espirituais, nunca terá de se preocupar; todos os que fazem o bem com a verdade estão certos.

Entretanto, por mais estranho que possa parecer, tenha em mente que sua verdade pode não ser a de outros. Você pode constatar isso, particularmente, em diferentes religiões e filosofias, o que é uma razão para o que eu sempre disse: "Leve com você o que quer e deixe o resto para trás". Eu nunca escreveria ou falaria uma mentira para ninguém, e acredito, do fundo da alma, que tudo o que digo é verdade.

Tendo dito isso, também percebo que muitas de minhas verdades vão contra religiões estabelecidas e crenças que têm sido ensinadas há séculos. Prefiro poder ajudar alguém, ainda que parcialmente, pelo que escrevo e digo a não fazer nada. Nunca tento converter os outros. Em vez disso, conto com a honestidade, a lógica e a espiritualidade que dou ao mundo, e permito às pessoas chegarem às próprias conclusões. Com bastante frequência, quando as pessoas estão prontas para a verdade, elas abraçam meus ensinamentos de todo o coração, e isso muda sua vida.

Para aqueles que não podem aceitar o que coloco, espero que abracem algumas de minhas ideias e, finalmente, cheguem às próprias conclusões, usando o que lhes dei para o aprimoramento de sua alma.

A honestidade também o protege de espalhar rumores porque, novamente, o que é verdade para alguém pode não necessariamente ser a sua. Mesmo se o que ouviu seja verdade, por que você precisa ser a pessoa que abre a caixa de Pandora da dor de outra pessoa? Sei que nós, humanos, parecemos vicejar no escândalo, mas você está fazendo isso para se sentir importante? Lembre-se: o que quer que você mande para o Universo voltará para você.

Também adoro o que outro padre me disse: "a confissão só é boa para uma pessoa, e é você". Em outras palavras, o que fizemos no passado, contanto que não tenha machucado ninguém, importa apenas e tão-somente a nós mesmos, e não precisa necessariamente ser partilhado. Muitas vezes as pessoas confessam partes da vida das quais podem não se sentir orgulhosas para os seus amores atuais. Essas "sessões de verdade" acabam muito mal e nunca são perdoadas, porque são bastante dolorosas.

Você não estará sendo um enganador se retiver uma informação que poderia, potencialmente, ferir um relacionamento amoroso, especialmente porque ele aconteceu antes em sua vida e, confessando-o, não traria nada, a não ser dor, ao ser amado. Entregue a Deus – e dê um fim em sua culpa apenas tentando ser a melhor pessoa que puder.

4. Lealdade

Essa chave é a minha favorita. *Lealdade*, pela definição espiritual, significa simplesmente que você se atém a seu país, aos membros da família, aos amigos e a todos aqueles a quem quer bem nesta vida. Não podemos jogar ninguém contra o outro e, quando dizemos que vamos fazer algo, temos de fazê-lo.

As pessoas espiritualizadas tendem a se prender a sua palavra, não importa o que aconteça. Por exemplo: Montel Williams e eu não tivemos contrato por quase 17 anos... Era somente pela palavra que eu concordava em estar em seu *show*. Acontece que os acordos de negócios eram feitos rotineiramente dessa maneira, com um compromisso e um aperto de mão. É triste constatar que, em nossa sociedade, muito litigiosa, as coisas não sejam mais feitas dessa forma.

Se você encontra pessoas que não se prendem à própria palavra, então não pode contar com elas. Você ainda deve ir em frente (apesar de relutante), mesmo que sua confiança naquelas pessoas tenha "saído pela janela". Claro que a deslealdade dói, mas nunca deveria dissuadi-lo de sua palavra nem de suas crenças. Promessas e juramentos vêm da lealdade às outras pessoas, assim como de causas, crenças e mesmo da própria espiritualidade de sua alma. A lealdade interior é extremamente importante, tanto quanto você deve ser verdadeiro em relação a seus pontos de vista pessoais e seus princípios, e não apenas seguir o que está na moda. Como escreveu William Shakespeare: "Seja verdadeiro a seu próprio eu". Esse processo interno começa com a crença na lealdade dentro de sua alma – ou seja, quando você verdadeiramente entende a complexidade de quem é. Você sabe que está determinado a viver à altura da habilidade de ser verdadeiro e correto em suas crenças, e nada pode detê-lo.

O principal a lembrar aqui é: quando se é leal a si mesmo, não se cria uma "aberração". Esta ocorre quando você se torna desleal a si mesmo, indo contra a verdade tal qual a conhece. Por exemplo: digamos que você se torne membro de uma gangue que faz coisas terríveis. Embora não concorde em ferir ninguém, você participa, por lealdade, das atividades de sua gangue e acaba matando outra pessoa. Essa seria uma aberração de sua verdade pessoal, porque você está sendo desleal a si mesmo. Ninguém deveria dizer-lhe o que fazer, especialmente quando estiver errado.

Você deve aderir aos próprios princípios espirituais, e então poderá sair e apoiar os outros com suas sólidas crenças intactas. Descarte todo e qualquer indivíduo que o faria trair a si mesmo e àquilo em que acredita.

5. Gratidão

A gratidão é a quinta chave dourada do conhecimento. Sei que houve um tempo em que você pensou: "a que eu devo ser grato? Por vir a esta vida e atravessar este inferno?". E, mesmo quando o copo da vida está meio cheio, você pode senti-lo meio vazio. Essa é uma forma de vida muito sombria – não importa a condição na qual você esteja, existe algo por que ser grato, mesmo que você não o enxergue agora. Por mais macabro que possa parecer, mesmo que esteja morrendo, ser grato pelo fato de sua dor estar a caminho do fim e pelo fato de estar indo em direção ao Lar é algo que vale a pena.

Saúde e prosperidade são, realmente, o que a maioria de nós precisa para ser grato, especialmente no mundo de hoje, mas não é antiquado falar que também somos gratos pelo céu azul, pelo arco-íris, pelas folhas de outono; pelos nossos amados; pelos nossos trabalhos; e pelo teto sobre nossa cabeça. Lembro quando estava trabalhando para os desabrigados, em Los Angeles, e comecei a conversar com uma mulher que havia vindo em busca de comida. Ela mencionou quanto era grata pela boa refeição, mas também pelo fato de ser livre e poder respirar ar puro. *Isso* é gratidão acima de qualquer suspeita.

Muitos anos depois, tive a chance de conversar com uma senhora de 70 anos que havia enterrado quatro filhos e o marido. Ainda assim, em vez de desistir de tudo e ficar louca, ela se juntou a uma ordem de freiras carmelitas que ajudavam prisioneiros e ensinavam crianças. Ela me disse: "Eu estava muito brava com Deus, e então percebi quanto era grata por estar experimentando tudo isso – assim, pude dar esperança e alegria, e motivar minha vida para os outros, ajudá-los através de seu caminho". É o que chamo de verdadeira gratidão.

Não quero dizer que isso nos leva a ser submissos e humildes; ao contrário, deveríamos ser fortes e gratos (além disso, nossos Pais não se incomodam se ficamos bravos – eles entendem todos os comportamentos humanos e amam a todos nós, apesar de nossas fraquezas). Devemos nos sentir abençoados por podermos vir aqui, fazermos nossa alma evoluir e obter maior conhecimento e espiritualidade. Existe uma citação de Francine que eu adoro, resumindo tudo isso: "sou grata por estar nesta vida para aprender".

Então, tire um tempo para apreciar os membros de sua família, um lindo dia ou o perfume das flores. Se você se condicionar, as coisas mais simples podem fazê-lo feliz. Simplesmente se livre de todos os "e se" da vida para viver o dia, ou mesmo a hora, o que é muito importante. Tornamo-nos uma geração condicionada à negatividade, aquela que esqueceu a alegria do pão saindo do forno ou de um carro que funciona.

Não me entenda mal... Todos nós amamos as coisas boas. É quando o desejo por elas vai acima e além do que precisamos ou mesmo que possamos utilizar que a ganância nos envolve com seus tentáculos, e aquelas horríveis palavras, "direito de posse", chegam. Ser ingrato ou sentir que temos direito de posse sobre qualquer coisa é realmente embarcar no caminho errado. Acreditar que qualquer coisa nos é devida é uma armadilha cármica mortal. Tragicamente, vivemos em uma sociedade cheia de indivíduos que acham que o mundo lhes deve... E não lhes deve.

Vemos tanto acúmulo de "tranqueiras" – particularmente durante as festas de final de ano – que não é de admirar que a gratidão tenha ficado para trás. Estamos tão abarrotados de coisas que nossos sentidos se tornam sobrecarregados; nada é o bastante, e começamos a olhar em volta para achar o que podemos adquirir para preencher o buraco escancarado em nossa alma. (Se você se sentar e fizer uma lista do que realmente precisa, comparando com a lista daquilo a que você aspira, ficará alarmado.) Simplificar é muito mais fácil do que encher nossa vida com coisas sem as quais sentimos que não podemos viver. Em geral, depois que realmente conseguimos essas coisas, *ainda* não estamos felizes. De fato, as pessoas receiam dizer que estão felizes por medo de que Deus escute e faça chover destruição sobre elas, o que é uma superstição triste e falsa.

Seja grato por todas as grandes e pequenas alegrias da vida, e trabalhe com afinco nos maus momentos para desenvolver sua alma. A boa e velha canção "The Best Things in Life Are Free" ("As melhores coisas da vida são de graça") não está tão longe da verdade, então fique contente por ter outro dia para fazer o bem e glorificar a Deus. Viver por esse exemplo será como um raio de luz num mundo escurecido.

6. Paranormalidade ou habilidade de cura

A sexta chave é a paranormalidade ou habilidade de cura. Certamente, nem todos os paranormais ou curandeiros são viajantes místicos – muitos são charlatães, e outros são o que podemos chamar de "pseudoparanormais", que não têm tanta habilidade e estão nisso principalmente pelo ego, ou pela glorificação de si próprios. Entretanto, todas as almas evoluídas sempre têm esses dons em algum grau, embora possam não se tornar famosas por eles. Diferentes viajantes místicos aceitarão diferentes papéis, e enquanto alguns podem preferir fazer o trabalho de Deus no anonimato básico, outros, que o fazem em maior escala, normalmente adquirem algum tipo de fama como um subproduto natural. (Um ótimo exemplo disso seria o falecido Edgar Cayce.)

A paranormalidade ou habilidade de cura pode residir e se manifestar em quase todo mundo, mas é quase sempre acentuada em viajantes místicos, e os ajuda com seus trabalhos. Eles têm um excelente discernimento, não apenas em relação a outras pessoas, mas também em diferentes situações. Desse modo, frequentemente eles têm permissão para ajudar outros com suas doenças, sem que eles mesmos o percebam.

Por muitos anos, inúmeras pessoas, igrejas e mesmo sociedades tentaram separar a espiritualidade do estado paranormal, o que é incrivelmente errado e irracional. Quanto mais nos estendemos e questionamos, mais somos capazes de ver adiante e distinguir o escuro do claro, o certo do errado... A partir daí, isso se torna mais apurado. Todos temos o poder de ver e sentir anjos, ouvir nossos guias e até mesmo sentir ou ver nossos Criadores. A tragédia é que nos foi dito por centenas de anos que não poderíamos, pois a habilidade era apenas para uns poucos escolhidos, que normalmente eram líderes religiosos ou os chamados profetas.

As pessoas pensam que é simplista demais pedir uma habilidade paranormal, o que é ridículo, pois nascemos com ela. Constantemente vemos isso em crianças... Bem, até que a vida lhes tire isso. Você pode ter notado o crescente número de homens e mulheres na televisão que me contam as coisas surpreendentes que seus filhos fazem, tais como dizer o nome de pessoas queridas que já faleceram que não conheceram, ou relatar histórias sobre vidas passadas que puderam ser confirmadas.

Um exemplo clássico ocorreu quando eu estava em *Montel*. Uma mulher relatou que a filha, em idade pré-escolar, lhe contava como era a vida no México, embora sua família não tivesse qualquer linhagem ou ligação com aquele país ou qualquer outro lugar da América Latina. A criança falava de coisas que a mãe era obrigada a pesquisar, e, quando estiveram em um zoológico, a garotinha explicou que determinada espécie de coelho era originária do México – um homem ouviu e perguntou como ela poderia saber disso. A mulher me disse que a filha assiste a programas falados em espanhol na TV e parece entender o que está sendo dito. Ela deve entender, caso contrário, por que razão se sentaria lá e os assistiria?

Da mesma forma que todos possuímos habilidades paranormais, também podemos curar. Como em tudo, algumas pessoas são melhores nisso do que outras, porque seu cinético, ou energia elétrica, é mais forte – mas *qualquer* um que se entregue para ser um transmissor pelo qual a energia de Deus venha pode ser um curandeiro. A pessoa está simplesmente trocando um pouco de sua energia com a de Deus. (Por favor, veja que há um pouco mais de informação sobre cura no capítulo 7.)

7. Leveza

A princípio, você pode achar que essa chave está fora de lugar, mas, quando olhar mais a fundo, verá quanto ela é importante para a vida e o bem-estar. Pense nisto por um segundo: você conhece alguém verdadeiramente amado que não tenha pelo menos o senso de humor decente? Alguém que não apenas faça os outros rirem, mas que também possa zombar de si mesmo? É a leveza que mantém a negatividade longe – é a maneira de olhar para o lado brilhante, ser positivo e encontrar alegria na adversidade.

Claro que não estou fazendo pouco caso da tristeza e dos momentos duros da vida, mas, se você não consegue achar algo positivo em seu mundo, está condenado à depressão. Não preciso dizer que há estudos segundo os quais mesmo pessoas com doenças terminais melhoram após assistir a filmes engraçados ou experimentar situações de humor. Acontece que o riso realmente libera endorfina pelo corpo, o que cura.

O humor é um dos maiores dons que nossos Pais nos deram. Podemos estar profundamente aborrecidos ou tristes, mas, quando assistimos a artistas como Robin William, Bill Cosby ou o falecido Dean Martin (que tinha um ótimo senso de humor, mas foi mais conhecido pela habilidade de cantar), nosso espírito subitamente se eleva.

Mesmo os problemas podem ser engraçados, e aqueles que reconhecem esse fato geralmente são muito mais felizes que a maioria dos seres humanos. Os viajantes místicos normalmente têm um grande senso de humor e riem muito, sabendo que isso levanta o espírito daqueles que estão a sua volta e transforma tudo numa atmosfera mais positiva, onde faz o trabalho de Deus.

Anos atrás, quando eu estava na faculdade, uma freira me disse que eu sempre venceria na vida, porque tinha senso de humor. Às vezes as coisas ficam tão ruins que a única escolha é rir. E, se tentarmos, podemos ver humor em tudo. Por exemplo: olho para meus cachorros e rio com algumas de suas travessuras, e meus netos realmente me exaltam. As crianças são muito honestas e sem malícia quando são pequenas, e os pedacinhos de verdade e sabedoria que proferem frequentemente são um sucesso, especialmente quando, inadvertidamente, a vítima é um adulto inocente.

Você deve estar consciente de que a alegria vem de dentro e nunca de fora, mas estar com amigos e família e rir é um dos melhores presentes. Fazer as pessoas felizes e lhes trazer alguma leveza devolve alegria e energia – mas é ainda mais importante ser capaz de rir de si mesmo. Nunca se leve tão a sério, porque as mudanças estão sempre ocorrendo, e a vida não é algo estático... Então, por que não pode haver algumas risadas no processo?

8. Grande inteligência (conhecimento inspirado)

A oitava chave dourada é o que chamamos de "chave-bônus", pois realmente cerca as outras sete. Com a grande inteligência também vem o conhecimento inspirado, o que aumenta a sua habilidade de entender e ter maior raciocínio indutivo e dedutivo. O conhecimento inspirado não apenas eleva nosso desejo de aprender e explorar, mas é, também, o grande motivador para uma espiritualidade mais elevada.

Não é apenas do lado espiritual das coisas que começamos a entender – *tudo* em nosso caminho (e no caminho dos outros) se torna claro para nós. Realmente começamos a sentir que estivemos tentando enxergar através de uma bruma espessa até agora, e, quanto mais o manto do viajante místico se assenta sobre nós, mais clara se torna nossa visão.

Muitas vezes esse conhecimento inspirado vem a nós como forma direta ou indireta de comunicação com Deus, nossos espíritos-guias ou nossos anjos. Podemos estar no meio de algo que é uma grande chave para o sucesso quando, de repente, "sabemos" como lidar com aquilo. É uma das maneiras de Deus se comunicar, assim como uma ferramenta efetiva para o Outro Lado.

Veja você: onde quer que alguém do Outro Lado queira que uma invenção ou cura se manifeste, ele simplesmente implanta a ideia em um de nós aqui na Terra, que pode então aceitá-la e fazê-la frutificar. As ideias que vêm a nós são surpreendentes; o mais interessante é que a habilidade de nos expressarmos no papel ou com palavras e ações melhora à medida que aprendemos (ou eu deveria dizer "somos mais inspirados a"?) habilidades diplomáticas e tato.

Por favor, entenda que a inteligência não vem somente de livros. Sim, eu descobri que ser uma leitora ávida me ajudou em meu trabalho de referência, mas, mesmo que você não leia muito, o conhecimento virá até você. E, como parece que a necessidade de aprender e explorar se torna mais premente, você pode realmente encontrar a si mesmo lendo mais. É quase como se sentisse que há muito a aprender e não há tempo suficiente para isso. Além disso, quando chegar ao Lar, você continuará pesquisando e aprendendo por Deus, então poderá perceber todos os tipos de diferentes facetas, de forma a tornar-se mais evoluído. Você verá seus companheiros viajantes místicos na medicina, na ciência, na escrita e em qualquer campo que ajude as pessoas a, de alguma forma, tornar sua vida melhor.

Mantendo-se no caminho

Como alguém que está num caminho espiritual, você achará útil fazer uma lista de verificação mental das chaves pela manhã e à noite. Peça para ser mantido no caminho e então nomeie as oito chaves para você mesmo e todos aqueles a sua volta. Sim, você estará falando com Deus, mas, mais importante, estará se comunicando com a divindade dentro de você. Não se deixe ficar oscilante por causa do bombardeio de escuridão a seu redor. Pense sobre si mesmo com verdadeira estima, e lembre-se de que você é cheio de conhecimento.

Antes que perceba, você será capaz de curar e se tornará uma coluna de luz que empurrará para longe a escuridão. Você descobrirá que, quando entrega sua vontade a Deus, tudo na vida se torna melhor, e isso o fortalece. É muito parecido com o que houve quando Moisés estava no deserto e o maná caiu do céu – neste caso, você estará obtendo a graça e a força para travar uma batalha contra o mal. Se você se mantiver repetindo as chaves, isso trará poder para dentro e para fora. Mesmo que não queira se tornar um viajante místico, a prática elevará sua alma e o tornará mais forte e mais avançado.

Francine afirma que, quanto mais alguém se torna espiritualizado, mais questões como "estou fazendo a coisa certa?" ou "estou no caminho?" surgem. Ela diz: "uma pessoa que não é espiritualizada nunca faz essas perguntas. Sylvia sempre diz que, quando alguém quer saber como ela está se saindo espiritualmente, nunca se preocupa com ela. Uma pessoa que não é espiritualizada não liga para isso e, certamente, nunca pergunta".

A questão bíblica "pois, que aproveitaria ao homem ganhar todo o mundo e perder a sua alma?" (Marcos 8:36) é muito apropriada para aqueles que não têm espiritualidade ou não seguem as oito chaves douradas do conhecimento.

Como um viajante místico, você nunca poderá comprometer o seu sistema de crença por alguma razão externa. Não existe algo como o pecado: isso *é* uma influência maligna contra sua própria alma. Na condição de viajante místico, você deve entregar sua vontade inteiramente a Deus, sem perguntas ou reservas. Isso leva à constante avaliação do eu para certificar que você está fazendo tudo por seus Pais, e é aí que as chaves douradas podem, verdadeiramente, ajudar. Mesmo que você não queira se tornar um viajante místico, não fará mal examinar-se e avaliar-se espiritualmente com frequência.

É melhor colocar uma lista das chaves, impressa em letras bem grandes e em negrito, num lugar de destaque, onde você possa vê-la todos os dias. Mesmo agora, enquanto você está lendo este livro, faça mentalmente uma avaliação de si mesmo. Você se conhece melhor que qualquer outra pessoa, então saberá se é uma pessoa honesta (um aparte: o ditado "honesto até não poder mais" sempre me perturbou, pois como pode a honestidade ter um limite?). Você também saberá que falhou em certos pontos.

Às vezes falhar é bom se você percebe e se refaz, colocando-se no bom caminho e nunca mais cometendo a mesma falha novamente. Você não pode perder aquilo no que acredita ou a que se compromete – nem mesmo pelo prazer do momento. O prazer físico é parte da vida, e é maravilhoso, mas não quando ele existe à custa dos outros ou de si mesmo. Lembre-se sempre do velho provérbio: ser gentil com todas as pessoas que você encontra na subida, porque você as encontrará, de novo, na descida.

Quando colocar as oito chaves douradas no papel, pegue também um calendário. Se cometeu alguma boa ação durante um dia em particular, coloque uma estrela naquele dia. Você pode pensar que isso é juvenil, como se estivesse de volta à escola, ganhando estrelas douradas, mas esse ato imprime o bem que você fez em sua mente... E, se não fez nada de bom, então poderá tentar com mais afinco no dia seguinte. Finalmente, você chegará a um ponto onde não precisará ter um cartão de pontuação, por assim dizer. Alguns podem preferir manter um diário para descrever os dias, o que é bom, mas realmente tente fazer uma boa ação diária. Você poderá reforçar ainda mais a intenção de fazer isso continuamente dizendo a si mesmo: "estou fazendo isso para Você, Deus".

Perdemos muito assistindo a programas estúpidos de televisão, ou simplesmente sentados, sonhando acordados, quando poderíamos estar fazendo algo produtivo. Claro que uma noite dessas eu desfrutei de um jantar com amigos, depois vim para casa e bordei um pouco em vez de escrever. Ainda assim, não me senti culpada, porque um pouco antes havia conversado com dois policiais sobre um caso, além de ter lido um pouco.

Também entendo, do fundo da alma, que existe essencialmente uma nova chave dourada, que é o *compromisso*. Se você não está comprometido, todo o resto desaba. Então, e se você quiser viver pelas chaves, mas não desejar fazer um juramento incondicional, entregar sua vontade e ir para onde Deus ordene? Está tudo perfeitamente bem. Entretanto, garanto que, se você começar a viver pelas chaves, sua espiritualidade crescerá tanto e seu amor por Deus terá aumentado tanto que você, automaticamente, desejará tornar-se um viajante místico.

O orgulho sempre foi visto como uma emoção negativa e egoísta: dizemos coisas como: "você é orgulhoso" ou "você é terrivelmente cheio de orgulho". Você já se perguntou por que a Igreja Católica era tão avessa ao orgulho? Bem, é porque ela queria dominar as pessoas e fazê-las subservientes a seu jugo, mesmo que sua hierarquia fosse o epítome da soberba.

Como qualquer outra emoção ou ação, o orgulho pode, de fato, ser levado longe demais. Mas não há nada de errado em ter orgulho de si, de suas realizações e da forma como você superou as adversidades. Ter orgulho dos filhos, de suas boas ações, de seu país, ou de ter sido aprovado em uma prova muito difícil, também é bom. É quando o orgulho se torna a manifestação de um ego inchado que se torna negativo. Todos nós conhecemos alguém tão cheio de si que não consegue enxergar um palmo adiante do nariz.

Apesar disso, devemos também estar alertas contra a falsa humildade. Afinal, a Guerra Revolucionária nunca teria acontecido se os primeiros americanos tivessem simplesmente desistido. Um de meus lemas favoritos daquela época é o que adverte: "não pise em mim", que resume brevemente o conceito de falsa humildade. Os pioneiros americanos não teriam chegado aqui para encontrar a liberdade se fossem desprovidos de coragem, assim como de dignidade e da *verdadeira* humildade. Até hoje, a América é a mais livre de todas as nações deste planeta – e isso certamente não foi conseguido por seres humildes que recuaram e se curvaram à opressão. Foi mais um caso de "tenho orgulho de minha vida, meu povo e minhas crenças, e lutarei por eles".

Como Francine ensina, "homens e mulheres direitos se avaliam algumas vezes, diariamente, mas sem culpa. Por favor, recupere-se da falsa humildade... é, na verdade, uma falha na natureza humana deixar as pessoas pisarem em você em nome de 'ser humilde'. Mantenha-se ereto se é espiritualizado, ou uma entidade com uma missão de vida, especialmente se aceitou o manto de viajante místico".

Se você simplesmente não pode viver pelas oito chaves com todo coração e alma, então, provavelmente, nunca será um viajante místico, mas ainda poderá ser uma alma evoluída. Se tentou dar o melhor de si (e é isso o que Deus espera), então deveria manter a cabeça erguida. Tente sempre conduzir-se com honra, verdade, amor, gratidão e a espécie correta de orgulho. De fato, cada entidade clara deveria ter orgulho do que aprendeu. Lembre-se de que, se não escolheu ser um viajante místico, não há vergonha ou castigo – como entidade com uma missão na vida, você também terá uma existência dedicada a Deus. Mas, para aqueles que se tornarão viajantes místicos, é perfeitamente bom sentir-se orgulhoso de sua realização. Mesmo se você teve de pedir muito, e por muito tempo, para ser parte dessa missão de vida, você e seu caminho foram aceitos para o desafio. A Bíblia diz que muitos serão os chamados, mas poucos os escolhidos – sinto que muitos são os chamados, mas poucos completam suas missões. Claro que você, e apenas você, é quem poderá entregar sua vontade e escolher, então nunca se diminua, porque carrega o manto real da embaixada de Deus.

Capitulo 7
Efeitos da ascensão na espiritualidade

Embora você tenha de resistir a muitos sofrimentos sendo uma entidade avançada, muitos "ganhos" o ajudarão. Por exemplo: ser um viajante místico o ajuda a equilibrar seu intelecto (que é a parte genética do Pai Deus) com sua emoção (que é a parte genética da Mãe Deus). Quando tem pouca emoção, você se torna uma personalidade limítrofe – quase como se tivesse de se juntar a outra pessoa para preencher aquele seu lado que não ama, não sente nem cria. Isso não significa que você esteja, conscientemente, negando Azna, mas os psicólogos afirmam que uma personalidade limítrofe se origina de uma mãe inacessível.

Sinto que essa condição pode ser fruto de uma mãe humana, mas pode também ocorrer porque alguém negou o seu lado que aceita a beleza ou aquelas coisas que estão ali, mas não são vistas. Para esse indivíduo, tudo deve estar próximo da perfeição analítica, e nada é verdadeiro a menos que seja provado. Claro, podemos ter também muita emoção e, novamente, não ver mais a beleza em torno de nós. A emoção é maravilhosa, mas se existir em demasia inundará o intelecto e nos fará frenéticos e preocupados, porque não tem um controle lógico.

Por sorte, os viajantes místicos têm sido agraciados com maior habilidade para consolidar o intelecto e a emoção, e podem se tornar muito sensitivos, tendo ainda o poder de fazer viagens astrais. Também poderão se tornar ótimos curandeiros – a habilidade virá rapidamente, e eles serão capazes de usá-la tanto mental como fisicamente.

O PROCESSO DE CURA

Todos podem curar, mas as almas evoluídas frequentemente o fazem com mais força do que outras, e podem até mesmo ver resultados mais rápidos. Ainda que você não seja um viajante místico, não quero desencorajá-lo de curar, porque você *pode* certamente fazer uma transferência de energia.

Certifique-se de que uma luz branca começa a rodear você e a pessoa que você está curando; então atravesse o corpo dessa pessoa com uma luz verde. Na sequência, você poderá imitar o ritual muito simples que os ministros dos novos espíritos promovem depois de cada serviço: eles esperam até o serviço estar terminado e se posicionam atrás daqueles a quem desejam curar – que estão sentados. Se o ministro for uma mulher, ela simplesmente coloca a mão direita no topo da cabeça da pessoa, depois coloca a mão esquerda por cima. Se for um homem, as mãos são invertidas – a mão esquerda estará no topo da cabeça da pessoa; a direita, sobre aquela.

Isso significa e reconhece os lados esquerdo e direito do cérebro, e como ambos funcionam em função dos diferentes sexos: os homens operam normalmente com o lado esquerdo, enquanto as mulheres tendem a ser dominadas pelo lado direito. Entretanto, isso pode variar caso a caso, então você poderá querer experimentar as colocações de mão para saber qual delas funciona melhor.

Depois da imposição de mãos, todos os ministros circundam a si mesmos e às pessoas que estão sendo curadas com a luz branca do Espírito Santo, e eles pedem para se tornarem tubos pelos quais a energia de Deus fluirá para curar aqueles que precisam e beneficiá-los com ela. É simples assim, e muito efetivo. Nossos ministros têm tido grande sucesso em curas, e tanto homens como mulheres invariavelmente se levantam em nossa igreja para relatar que se sentem cem por cento melhor.

Você não precisa pagar pelas lições de cura, a menos que deseje se tornar um médico, um acupunturista, um hipnoterapeuta ou qualquer coisa assim. Para mim é sempre desconcertante ver certas pessoas realizando curas holísticas ou de fé por meio de ritos ou práticas complicados demais. Nossos Pais sabem do que precisamos – somos todos Seus filhos e temos o poder de canalizar Sua energia. Assim, não precisamos nos explicar e nem dizer o que estamos fazendo para Eles.

Os curandeiros não precisam necessariamente saber onde uma doença está, porque são apenas veículos por onde a graça e a energia da Mãe e do Pai Deus vêm, sem efeito algum sobre si mesmos. Não há envolvimento do ego, pois Eles são apenas os que fazem a cura. Todos podem fazer isso, embora seja verdade que alguns podem ser melhores do que outros. Entretanto, quanto mais você o faz, melhor se torna nisso, seja você um viajante místico ou não.

Subindo a escada dourada

Quando progredir como viajante místico, sua sensitividade aumentará, mas você se tornará mais impenetrável à negatividade que outros sentem. Se alguém o repreender, você não parecerá se incomodar, ou isso não o machucará como antes. Com todo o trabalho duro que faz por você e por Deus, você também receberá vantagens. Deus nunca toma sem dar... Não apenas na medida exata, mas multiplicado por cem. É por isso que, quando você pratica ações como fornecer o capital inicial para uma causa justa, ele volta a você cada vez maior.

Você será capaz de distinguir o escuro do claro mais que a maioria das pessoas, graças ao aumento de sua sensibilidade. Sua habilidade paranormal inata se tornará engrandecida, e você ficará mais isolado das coisas que tinham tendência a aborrecê-lo, machucá-lo ou preocupá-lo. É quase como se sua antena (por falta de uma palavra melhor) esteja sendo colocada para fora e indo mais em direção a Deus, em vez de estar interessada em todas as preocupações do plano da Terra.

Viagem mística

Acho que isso se encaixa perfeitamente no que Francine disse muitos anos atrás, e que levei anos para entender: "estar acima do corpo e não nele". Você se torna muito mais consciente das ações e da linguagem corporal que aqueles que são chamados, no mundo científico, "neurologísticos". Você começa a detestar a mentira e as ações subversivas – isso pode incomodá-lo por um tempo, mas é melhor do que viver a vida no escuro.

Quanto mais você sobe no que costumamos chamar de "a escada dourada de Deus", mais pode lidar com a vida e a sobrevivência. Isso, entretanto, não significa que está imune à possibilidade de coisas ruins acontecerem. Por exemplo: quando meu último marido fugiu com outra mulher, alegou que o fizera porque eu era popular demais. O fato de ele ser meu gerente de negócios, que cuidava de minha agenda, evidentemente não fez parte de seu raciocínio sobre minha popularidade. Enquanto eu sentia aquela dor imensa, ninguém podia acreditar que me recuperaria tão bem e seguiria minha vida... o que devo ao fato de ter aceitado o manto de viajante místico.

Se você decidir se tornar um viajante místico, achará que certas pessoas se separam de você porque veem que você mudou, isto é, captam a luz brilhante que emana de você. Elas não são, necessariamente, más ou entidades de alma escura (embora você vá ser afastado de tais indivíduos), mas não serão capazes de entender sua luz; podem até mesmo temê-la. Embora você possa achar que alguns amigos e membros de sua família se distanciam de você, não será por causa de nada que tenha feito. Em muitos casos eles estarão receosos de o perder, o que não poderia estar mais longe da verdade. Acontece que, uma vez que você encontre a escada para Deus, realmente não haverá nada mais forte que isso.

Por favor, não se sinta mal, porque acontece dessa forma. Esses homens e mulheres simplesmente não são suficientemente evoluídos espiritualmente para aceitar seu crescimento espiritual. De modo inverso, aqueles que perseguem as próprias progressões – o que não está limitado a outros viajantes místicos – se precipitarão em direção a você quase imediatamente.

Quando você faz a ascensão na espiritualidade, ela afeta todos os aspectos de sua vida; mas você descobrirá que qualquer inveja, decepção ou dor que apareça em seu caminho estará abaixo de você.

Você alcançará o próximo degrau da escada com o entendimento de que todas as pessoas atraem o próprio carma – essa é apenas a regra, e você se elevará sobre ela. Você também deixará de ser tão duro consigo mesmo, pois sua alma começará a se expandir e a exaltar Jesus e nossos Criadores.

Diz-se que a sabedoria vem de ouvir o que o coração e a alma já sabem; quando *seu* coração e sua alma sabem a verdade, repousam no fato de que aquilo que você está fazendo ou no que está crendo é o que é certo para você. Quanto mais você sabe, mais clara sua alma se torna – Mas muitos não terão o mesmo conhecimento e desenvolvimento, então você poderá ter uma existência solitária. Mesmo assim, se tiver paciência, encontrará outros como você.

Entretanto, eu gostaria de colocar de lado o medo de que, se você se tornar um viajante místico, terá absolutamente de estar separado daqueles a quem ama, porque é uma alma avançada e eles não. Francine diz que o conhecimento silencioso às vezes vai até a família e os amigos e os faz perceber que são como nós. Aceitar o manto não significa que você será impedido de passar um tempo com seus amados, tanto na vida quanto do Outro Lado. Na verdade, quando os viajantes místicos morrem e retornam ao Lar, com frequência descobrem que a família inteira também havia aceitado o manto.

Novamente, as almas evoluídas não ficam fechadas em si mesmas, em pequenos grupos ou facções, e não possuem auréolas ou outra marca de distinção – o manto é invisível, exceto para outros viajantes místicos. Então, se você não é uma entidade avançada mas seu cônjuge é, isso não afetará de forma alguma seu amor ou a devoção que sentem um pelo outro. Não seria diferente se ele ou

Viagem mística

ela fosse o presidente de uma grande empresa e você fosse vendedor. Isso significaria que vocês não se amariam ou não poderiam ficar juntos? Claro que não. Não comece a pensar que seu conhecimento humano é secreto ao plano divino de nossos Criadores.

Os viajantes místicos realmente sofrem na vida porque seus sentidos se tornam mais afiados, então veem coisas num foco mais preciso do que os outros. As injustiças, as crueldades e assim por diante causam grande desconforto, porque eles não podem servir a ninguém ou fazer nada, embora, à medida que o tempo passa, eles percebam que podem fazer somente o que é possível em seu próprio círculo de vida – de outra forma isso os deixaria loucos. Você os encontrará lutando pelos direitos dos animais, pelos desabrigados, pelo meio ambiente e pela saúde, doando tempo e dinheiro às crianças, aos idosos e aos doentes. Mesmo se eles somente aconselharem e ajudarem as pessoas, isso em si mesmo é um grande desafio.

Então, quando você aceita o manto, sua sensitividade se torna mais profunda e acurada, mas, em contrapartida, sua força e habilidade para lidar com isso aumentam. Às vezes é agridoce. Você não aceitará ser um viajante místico e ser de repente machucado como nunca foi antes... Não. Você na verdade estará mais isolado da dor. Começará a ver tudo como realmente é, e não misturará os problemas com as próprias dores e lembranças. É como se camadas finas caíssem de seus olhos, e você não estará mais apático. Claro, a simpatia estará ali, mas, uma vez que você se torna obstruído com tanta apatia, você se tornará inútil. Sei que, se eu não tivesse sido objetiva de alguma forma com o passar dos anos, não teria sido de muita valia a ninguém.

Como viajante místico, você deve esforçar-se para se concentrar nas maravilhas da vida e ser positivo. Depois de alguma prática, você aprenderá a viver no *agora*. O sentimento irritante de *eu deveria ter feito isso* ou *eu não deveria ter feito aquilo* será, vagarosamente, levado embora. Tais preocupações são verdadeiramente dissuasivas, porque podem causar culpa e mantê-lo afastado do que pode fazer agora e no futuro. Ontem é passado, enquanto o amanhã é um novo começo para curar, ajudar e elevar sua espiritualidade.

Se você for pego pelo sofrimento da vida em vez de saber que é para a perfeição de sua alma, se tornará atolado e não viverá sua missão. Isso será provavelmente o teste mais difícil, porque seus sentidos estarão tão ampliados que você verá e sentirá tudo mais profundamente que os outros. Mas você poderá transformar tudo em benção: quanto mais os sentimentos ficam profundos, mais entendimento virá.

Você abordará cada complicação com objetividade, conhecimento inspirado, e importando-se – mas não a ponto de não poder agir ou ser incapaz de ajudar. Afinal, você está nas trincheiras, um soldado companheiro e você estão feridos, e precisa cuidar de si mesmo antes de poder ajudar a outra pessoa, caso contrário os dois morrerão.

A outra faceta que as almas evoluídas tendem a conquistar mais rapidamente é a "memória da célula". Enquanto a maioria de nós carrega medos e fobias de vidas passadas, quando o manto desce, parece que ele também limpa a alma de tudo isso. Alguma lembrança deles ainda existirá, mas ela se tornará distante e neutralizada nas células. Novamente, com o sofrimento vêm muitas bênçãos.

É por isso que Francine diz que, mais do que outras entidades, os viajantes místicos se adaptam depressa. Claro, não são perfeitos, mas certamente têm uma paixão extra e um fogo no ventre. Eles normalmente "morrem em pé", o que significa que não se aposentam de seus deveres; em vez disso, mantêm-se ativos até deixar este planeta. Outra bênção é o fato de eles parecerem ir para o Lar muito rapidamente. Muitos de meus ministros são viajantes místicos, e os quatro que morreram se foram bastante rápido, encontrados com os braços cruzados.

Viagem mística

Os neutralizadores da energia negativa

Com frequência promovo salões nos quais 40 ou 50 pessoas passam o dia comigo. É muito íntimo e gratificante, porque falamos sobre teologia avançada, trocamos ideias e fazemos perguntas. Uma das coisas que sempre enfatizo nesses salões é: "nunca julgue os outros muito depressa". Explico que, se tratando de pessoas, eu particularmente não gosto; é coisa minha, não deles. Às vezes é verdade que o que não gostamos nos outros é um reflexo do que não gostamos em nós mesmos.

Quando o manto desce, ele dá às pessoas mais coragem para se manterem firmes no que é certo. Não que os viajantes místicos devam causar distúrbios, mas eles certamente não têm medo quando é hora de clamar contra a injustiça. É como Jesus levantando o chicote contra os vendilhões no templo – mesmo que ele não fosse um ávido frequentador daquele templo, viu um erro que precisava ser corrigido. Por mais cheio de amor, compaixão e verdade que fosse, Jesus não tinha nenhum problema em lutar pelo que era certo.

Os mantenedores da justiça não precisam ser papas ou pregadores – precisam apenas levar vida exemplar, cheia de graça e de assistência. Devem também lembrar que é fácil para algumas pessoas deixar as coisas tomarem seu rumo. Não significa que tais pessoas sejam covardes; significa apenas que não aceitaram ser soldados de Deus.

É imperativo que todos os viajantes místicos vençam a impaciência (o que não é tarefa fácil, porque eles são ativistas, pessoas que fazem), e devem estar atentos ao perigo de serem superzelosos. Eles podem avaliar seus pensamentos e ações, mas não a ponto de desenvolver uma consciência exigente. Veja: se se tornassem receosos de cada palavra ou pensamento que tivessem, desviariam toda bondade e alegria que deles emanassem. Em vez disso, essas almas evoluídas simplesmente precisam viver o melhor que podem pelas regras e deixar o resto seguir. E com "as regras" refiro-me àqueles decretos pelos quais os seres humanos deveriam dar o controle de volta à própria alma em vez de serem controlados por eles.

Por também serem impregnados de pré-cognição e outras habilidades paranormais, os viajantes místicos logo se encontram sendo pacificadores e vendo a verdade em todas as situações. Também desenvolvem a telepatia – enquanto as orações de todas as pessoas são importantes, essas almas evoluídas descobrirão que têm um talento especial para fazer as coisas se tornarem realidade. Pense em Cristo: com certeza ele sofreu, mas veja quanto ele curou, ajudou e permitiu às pessoas verem um Deus amoroso, perfeito.

Nós todos podemos fazer isso, mas é o chamado dos viajantes místicos... Uma carreira para a vida toda.

—

Uma das vantagens de fazer o juramento é que as almas evoluídas podem superar problemas do cotidiano mais rapidamente que as outras. Usemos a doença como exemplo.

Enquanto uma pessoa pode levar anos para se curar de uma doença, os viajantes místicos têm a habilidade de encurtar o processo. Claro que essas almas evoluídas ainda têm seu caminho de vida, e a doença pode ser um fator, mas muitas vezes elas podem adaptar seu caminho para um lado melhor em meio às adversidades da vida. Sabem que seu processo de aprendizado é maior, então são capazes de agir acima desses obstáculos.

Os viajantes místicos não recebem curas para as doenças da vida automaticamente: *são* imbuídos de grande resistência. (Veja Montel Williams: sim, ele sofre de esclerose múltipla, mas isso não o impede de viajar e fazer bons trabalhos.) De fato, muitos viajantes místicos têm doenças muito dolorosas, mas uma coisa que sei é que lidam melhor com elas e tendem a superá-las mais rápido do que outras pessoas. O sofrimento dessas entidades parece ser mais

Viagem mística

de origem mental, por tentarem continuamente fazer o mundo melhor e remediar suas injustiças... Ou, pelo menos, aliviar a dor da família e de amigos. Mas eles se encontrarão apreciando uma saúde melhor que a maioria, sendo finalmente capazes de tratar dos outros verbalmente e com os métodos de imposição de mãos. Também sentirão como se estivessem vivendo numa juventude atemporal, não importa a idade cronológica que tenham.

Como um viajante místico, você terá o poder de quase fundir-se com a pessoa deste lado. Não é como do Outro Lado, onde você pode realmente *entrar* na outra pessoa; em vez disso, você pode estar na presença de outros e, aparentemente, absorver seus pensamentos e medos. Mesmo se você lhes disser que é um viajante místico, eles se sentirão melhor em sua presença. As pessoas migrarão em sua direção, e, se você estiver em um evento social, como uma festa, se descobrirá rapidamente com uma multidão a sua volta.

Você também será capaz de deixar para trás uma consequência remanescente de sua aura. Mesmo que você esteja em plena força, como um neutralizador de energia negativa, uma vez que deixe o local ou a situação, parte de sua essência será deixada lá. É como se deixasse uma coluna de luz de sua aura para trás, para o benefício de outros. Outras pessoas se sentem bem quando estão perto de você, uma espécie de segurança que não podem tocar. Poderão perguntar: "o que está tão diferente em você?"; ou "o que tem feito com você?"; ou elas observarão: "você parece tão brilhante".

A pior coisa que você pode fazer é se sentir melhor, mais especial ou mais sagrado que qualquer outra pessoa. Você nunca ouviu que Jesus fosse empertigado – ele era um professor simples e despretensioso, como foram Buda e Maomé. Entregar sua vontade é um dom de Deus muito humilde, que você aceita com gratidão, comprometimento, lealdade e fervor para ajudar as pessoas sem pensar em si.

Você pode viver bem, mas não à custa dos outros, pela mentira e trapaça, pisando neles para obter ganhos materiais de riqueza, fama ou poder. Se você leva a vida com bondade, amor, verdade e honra, então as recompensas do mundo o encontrarão. Quando você entra "no caminho", tal comportamento gracioso se torna uma segunda natureza para você.

Pegando o atalho

Agora você pode estar perguntando: "os viajantes místicos podem, algum dia, levar uma vida normal?".

Claro que podem. Eles podem ter família, casa, um bom emprego e diversão... Mas o que está sempre no foco principal de sua atenção é o esforço para melhorar a vida dos outros.

Estou convencida de que todas as entidades claras vivem boas vidas, mesmo que possam cair, mas os viajantes místicos tomam outro atalho. São, verdadeiramente, aqueles que simbolizam o que Cyrano de Bergerac queria dizer quando afirmou que queria ir para Deus com sua pluma branca intacta. Ele não queria que a pena que sempre usou no chapéu fosse maculada, o que simbolizava que nunca comprometeria seus valores morais por ganho próprio.

Encaremos os fatos: este planeta é, na verdade, um campo de batalha entre o bem e o mal. O velho hino "Avante Soldados Cristãos" não soa tão banal ou forçado quando o bem vai à luta contra o mal. Quando eu era mais jovem e costumava cantar este hino na igreja episcopal (eu também cresci nas religiões católica, luterana e judaica), costumava imaginar contra quem estávamos saindo para lutar. Depois que cresci e ouvi minha avó paranormal e Francine, comecei a perceber quão insensíveis muitas pessoas eram, bem como a quantidade de atrocidades que havia nesse mundo... Não quero parecer pessimista, mas está piorando. Meu espírito-guia diz que nenhum outro planeta tem tanta guerra, peste, infâmia, corrupção política, agitação e crimes como o nosso. Então, por que viemos para cá?

Antes de encarnar desta vez, perguntei a meu guia se seria difícil. Ela respondeu: "Sim, mas não tão difícil como você pode pensar. Mesmo se algumas pessoas não aceitarem o que está dizendo, você certamente não será morta ou torturada como foram aqueles das Eras Escuras que não acreditavam como os poderes estabelecidos queriam que acreditassem. Como você sabe, primeiro as pessoas eram mortas por serem cristãs e, mais tarde, eram queimadas em postes e torturadas durante a Inquisição por serem hereges. Não acontecerá com você". Isso me deixou muito aliviada... não que eu seja covarde.

Francine e Raheim dizem que este planeta ainda precisa de um despertar espiritual. Deus sabe que nós, humanos, estávamos cientes do que a Terra era antes de encarnarmos, mas, depois de muitas vidas de aperfeiçoamento, seria aterrorizante saber que havia um lugar tão horrível quanto este. Então, agradecidamente, se formos chamados para o outro mundo, não precisaremos sofrer como fazemos aqui.

Mesmo quando vamos para outros planetas, sempre podemos voltar para "a casa-base", como é chamada. Acho que, depois de muitas vidas, nos sentimos abatidos e cansados, e é por isso que ficamos em nosso cantinho no Outro Lado e visitamos os seres amados. Entretanto, temos a opção de encarnar novamente, ou podemos ser um protetor ou espírito-guia que inspira conhecimento simples. Eu estou publicando este livro.

Todas as entidades podem visitar todo e qualquer planeta e trazer de volta informações; podem ver como eles vivem, quais são suas crenças, ou como é seu modo de vida – isto não está limitado aos viajantes místicos. Alguns até escolhem encarnar em um desses planetas, mas isso é mais a exceção do que regra. Acho que, depois que eles viveram aqui por muitas vidas, estão demasiado exaustos para voltar à vida novamente, então ficam em nosso glorificado Lar, cercados por alegria e glória. No que me diz respeito, embora eu possa mudar de ideia, por ora eu ficaria apenas na forma de espírito.

Capítulo 8
Céticos, entidades escuras e outros desafios

É verdade que os viajantes místicos se colocam à mostra mais do que outras pessoas, porque estão sempre espalhando o testemunho de suas crenças e tentando ser exemplo de espiritualidade. Se não "praticam o que pregam", então não são verdadeiros viajantes místicos.

Isso significa que eles têm de prosseguir com dificuldade através do pântano daquilo que não querem, sejam pessoas, lugares ou coisas – de forma a alcançar o Outro Lado. Em sua evolução, eles percebem que todos os humanos falham e cometem erros. Eu, certamente, os cometi, e qualquer um que pense que não o fez está vivendo numa bolha pretensiosa, encerrado em si mesmo e em seu ego.

Os viajantes místicos tentam se manter acima disso tudo; se são pegos no atoleiro, libertam-se rapidamente. Não se afundam em autopiedade sobre a forma como agiram errado, nem falam da maneira como ninguém os aprecia, ou quanto foram criticados apesar de inocentes. A linha divisória é o fato de que eles sabem a verdade, assim como nossos Criadores, e é isso o que importa.

Todas as entidades evoluídas espalham a notícia sobre o fato de quem são realmente nossos Pai e Mãe Deus, incorporando a filosofia que inclui a crença no pós-vida e no Outro Lado, e lutando contra os dogmas que instilam culpa e medo. Infelizmente, no processo, eles são continuamente confrontados com a negatividade (e um de seus maiores componentes, a intolerância); isso realmente tem um efeito.

Como os viajantes místicos são humanos, certamente não são perfeitos – até mesmo Jesus era conhecido por duvidar. Os médiuns devem tomar cuidado extra, cercando-se com luz branca e prevenindo o próprio ego quanto a manifestações. Se começam a complicar as coisas ou deixam seu intelecto assumir, a habilidade é prejudicada. Ninguém é capaz de manter o canal aberto cem por cento do tempo; somente Deus faz isso. Então, quando os canais de almas evoluídas se tornam obstruídos pelo excesso de negatividade, suas habilidades podem sofrer, levando-as a cometer erros ou más avaliações.

Advogados, médicos, contadores e membros de outras profissões podem cometer erros, e ninguém diz nada... Mas deixe um paranormal errar uma vez e "a casa cai". Por exemplo: houve um menino perdido um tempo atrás, que tanto James Van Praagh quanto eu pensávamos que estivesse morto. James foi até o Missouri e disse à polícia onde a criança havia sido morta – entretanto, quando ela foi encontrada com vida, não foi James que foi duramente criticado; fui eu. Mais tarde, descobri que havia dois outros meninos desaparecidos na mesma área, e acredito que estivéssemos captando um deles. Ainda assim, fui insultada porque errei.

Ninguém foi atrás dos outros meninos; os céticos e aqueles que se negam a aceitar nunca parecem mencionar todas as pessoas que *salvei* ou *encontrei*. Parece que alguns só esperam para pular sobre o fato de eu ter errado – toda vez que isso aconteceu, tive de fazer um inventário das vezes em que acertei e esquecer o resto. Acho que eu sou minha crítica mais severa, mas também sei, com meu coração e minha alma, que sempre tenho boas intenções e motivação para ajudar os outros, da forma que puder.

Estou dizendo tudo isso para que você aprenda a endurecer a própria pele e a perceber que nossos Criadores sabem onde residem suas intenções. Ninguém com inteligência verdadeira espera que você esteja cem por cento certo, como só Eles estão, mas você precisa ser mais certo que errado. Entretanto, isso é o que desencoraja as pessoas – elas acertarão cem coisas, errarão duas e desistirão de tudo.

Ninguém é perfeito, e todo ser humano que faça parte da história já falhou. Ocorre o mesmo com a cura – você não será capaz de curar todo mundo o tempo todo. Eu conversava com uma intuitiva médica outro dia, e ela expressava seu pesar pelo fato de que havia errado no diagnóstico de um paciente. Respondi: "mas e os seus sucessos? Por que você se concentraria numa pessoa quando talvez não estivesse no caminho dela ser ajudada? Talvez estivesse escrito que ela precisava passar por essa experiência de doença para o próprio aperfeiçoamento". Ela concordou comigo nesse ponto.

Aqui está uma história que prova meu ponto de vista. Kathy era ministra em minha igreja e estava num estado evoluído de esclerose múltipla, que a confinava a uma cadeira de rodas. Muitos lhe perguntavam: "Se vocês, ministros, são tão bons, por que você não está curada?". Ela respondia: "Mas o que você não vê é que eu *estou*. Eu sei que a minha alma está bem e estou pronta para encontrar Deus, e isso não teria acontecido antes".

Há muitas maneiras de estar curado além do corpo. A alma e a mente podem ser curadas com conhecimento e crença, e, como Kathy sabia exatamente aonde ia, estava, de fato, curada. Exemplos como esse realmente o mantêm humilde e mais aplicado.

Este capítulo servirá para ilustrar que ser um viajante místico não lhe dará um passe livre para escapar do ridículo, do ceticismo, da dor e mesmo da difamação. Mesmo assim, aqueles que sabem o que está em seu coração permanecerão no caminho e continuarão a fazer o seu melhor. Quanto àqueles que não estão prontos para a batalha, este planeta os fará encarar a queda, e isso está certo. Ser um viajante místico requer muita coragem e estabilidade, e nem todo mundo pode se juntar e seguir em frente. Novamente, ninguém é uma pessoa melhor que qualquer outra aos olhos de nossos Pais... Eles nos amam igualmente, não importa o que façamos.

Viagem mística

Encarando os céticos

Armados com seus mantos, as oito chaves douradas do conhecimento e a crença total em uma Mãe e Pai amorosos, os viajantes místicos saem para o mundo... E precisam estar preparados para combater a negatividade onde e quando a encontrarem.

Falando nisso, eu me lembro quando fui ao *Larry King Live* uma vez, onde havia muitos céticos, junto com os companheiros médiuns Char Margolis e James Van Praagh. Um verdadeiro cético tenta permanecer objetivo, mas aqueles que querem apenas ridicularizar os paranormais deveriam se autointitular "antiparanormais" e deixar a coisa assim.

O que me divertia era quanto essas pessoas em particular eram violentas, e que não tinham outro intuito senão nos rebaixar. Pensei: *por que vocês estão gritando tanto e por que nós amedrontamos vocês?*. James e Char defenderam-se bravamente, mas eu, na maior parte do tempo, fiquei quieta, porque sabia que não seríamos capazes de mudá-los. Estou muito velha para isso, e não apenas cronologicamente – sou médium há muito tempo, e tenho muita informação para passar adiante, em vez de deixar esse tipo de coisa me aborrecer.

Os chamados críticos eram muito inflexíveis quanto a atacar o nosso caráter, juntamente com nossas crenças sobre Deus, anjos, o Outro lado e assim por diante... Apenas para dizer, que eles, pessoalmente, não acreditavam em Deus. É o que ocorre com o cético/mágico profissional James Randi, e está perfeitamente certo. Afinal de contas, se fingisse deixá-lo acreditar no que desejasse, então desse as costas e pusesse suas crenças e suas palavras no chão, eu seria uma hipócrita.

James Randi e outros escolhem ser ateus; isso é problema deles. Entretanto o sr. Randi e outros céticos antiparanormais me chamaram de mentirosa e charlatã várias vezes, e existem mesmo páginas inteiras de *websites* dedicadas a tentar obstruir meu trabalho para Deus. Isso é tão miserável que, em vez de ajudar os outros, algumas pessoas escolhem começar sociedades ateístas ou céticas e ridicularizar, ou mesmo tentar destruir, os homens e mulheres que estão tentando ajudar outros.

Continuo dizendo: devemos estar atentos àquelas pessoas que se colocam num pedestal doentio de práticas ocultas (como Jim Jones) ou aos evangélicos hipócritas (tais como Jim Bakker e muitos outros) que pregam o medo e pedem dinheiro e total obediência. É muito melhor disseminar a verdade e, então, deixar as pessoas decidirem o que querem. Como sempre digo, leve com você o que quer e deixe o resto para trás.

Com frequência, penso que, se não fossem aqueles que estão lutando para ser viajantes místicos e fazer o bem, muitos céticos não teriam um propósito. Todavia, eles podem cobrar até 25 mil dólares para que alguém se torne membro de suas organizações, pelo que você ganha uma taça, uma camiseta e um cartão dizendo que é ateu; assim como um encontro pessoal e um jantar com o fundador. Que negócio! Eu gostaria que esses céticos tentassem ajudar a outros verdadeiros paranormais e a mim a ir atrás das pessoas que usam nosso nome e, falsamente, enganam o público por milhares de dólares para eliminar maldições. Mesmo enquanto escrevo estas palavras estou trabalhando com a polícia para tentar colocar algumas dessas pessoas na cadeia.

Nós, viajantes místicos, somos presas fáceis para aqueles que mentirão e farão o que puderem para nos colocar para baixo. Sei disso em primeira mão, mas sei também que não podemos dar-lhes poder. Não importa aonde nós vamos, lá estão eles, colocando todos para baixo aos olhos do público, incluindo Oprah, paranormais e o papa – pelos bons trabalhos que fazem. Eles até mesmo disseram que não escrevo meus próprios livros... Bem, graças a Deus, eu guardo meus manuscritos em arquivo, então, meus trabalhos escritos à mão podem ser comparados com qualquer um dos meus trabalhos publicados. Mesmo assim, quando você dá provas a eles, jamais admitirão que estavam errados e retirarão suas mentiras.

Por um tempo essas coisas doem, mas temos força para seguir adiante. Todos nós temos de pegar o mau com o bem e evoluir. Como eu disse ao médium paranormal John Edward algum tempo atrás, quando ele estava sendo amaldiçoado (e, infelizmente, ainda está), "aqueles que o amam sempre o amarão, e, quanto àqueles que não o amam, simplesmente os deixe ir embora".

Não tenho tempo nem inclinação para desperdiçar minhas energias lutando com aqueles que são tão sarcásticos em seus ataques a mim e a outros médiuns legítimos. Infelizmente, conheço pelo menos dois jovens paranormais que estão sendo destruídos por cada palavra negativa que recebem. Quando eles me ligam para perguntar o que fazer, eu sempre respondo com o velho ditado sobre "paus e pedras". Então, invariavelmente lhes pergunto se acreditam verdadeiramente no que estão fazendo.

A crença é uma filosofia calma e verdadeira que se estabelece na alma, então você não precisa defender-se dela. Ninguém *jamais* será capaz de abalar minha crença e o que sei ser verdadeiro. Se está impregnado em sua missão e fé como eu, você não é diferente dos primeiros cristãos, que encararam os leões; deve perceber que não agradará a todo mundo nem fará essas pessoas concordarem com você.

Frequentemente me pergunto qual o propósito dos céticos em atacar os sistemas de crenças. Sei que temos liberdade de expressão, mas bater no coração da fé e na forma de viver das outras pessoas deveria ser proibido. Acho que muitos ateus têm egos exacerbados, mas deveriam fazer o que querem e deixar os outros em paz. Você poderia pensar que eles abraçariam o lema "viva e deixe viver", considerando que sua falta de crença em Deus os coloca em minoria, mas, como agnósticos (que para mim não são nada mais que ateus), a importância excessiva que dão a si mesmos conduz sua vida.

Depois do *show* mencionado acima, Larry King me disse: "Sylvia, você leva na esportiva"; eu apenas sorri. Sei que ele estava, gentilmente, tentando aliviar as flechas que eu havia recebido, mas eu queria dizer, meu querido amigo, que precisaria de muito mais do que alguns céticos que admitiram nunca ter lido um de meus livros para me colocar para baixo. Nunca poderei vencer nesse tipo de situação, e... adivinhe, nem mesmo quero jogar. Isso porque minha crença em ajudar e amar os outros não é um jogo.

Entendendo entidades escuras

Apesar de os céticos poderem ser muito chatos, não são necessariamente almas escuras, aquelas que escoam negatividade e caos e são a antítese de Deus. As entidades escuras encarnam em planetas como a Terra apenas para criar o mal, e seguem encarnando sem nunca ir para o Outro Lado (pois não existe negatividade lá).

É uma pena que este mundo tenha de ter escuridão, mas pense nisto: se não houvesse escuridão, então não precisaríamos encarnar. Toda a ideia de vida refere-se ao aprendizado espiritual e a ajudar a luz a vencer o escuro. Mas não confunda este planeta com a realidade, porque a verdadeira realidade é o Outro Lado, onde nós existimos por toda a eternidade. Mesmo se a Terra cair, as pessoas que são entidades claras – o que, evidentemente, inclui os viajantes místicos – terão vencido a batalha se convencerem uma única pessoa de que temos um Pai e uma Mãe completamente amorosos.

Deixe-me fazer uma pausa aqui para partilhar uma verdade universal: *tudo na criação tem uma parte de Deus, e isso inclui cada um de nós.* Se nossos Criadores fossem destruir algo na criação, não destruiriam parte de Si mesmos. Embora Eles possam alterar a forma de algo que criaram, nunca mandam embora a energia despendida em criá-lo.

Isso explica muito, pois quando nós, entidades claras, morremos fisicamente, nossa forma terrena é instantaneamente transformada em nossa forma *real* (a qual realmente tem um corpo), que existe no Outro Lado pela eternidade. Elas estão basicamente num estado suspenso de espera até encarnarem em outra vida terrena, o que acontece o mais rápido possível. Quando a reencarnação esquemática estiver terminada, todas as entidades escuras e suas energias criativas serão então absorvidas de volta para dentro de Deus, e toda manifestação de maldade e negatividade terá terminado.

Talvez você esteja se perguntando: *isso significa que Deus criou o mal?* A resposta para essa pergunta é um enfático *não* – todas as criações foram feitas com energia positiva e amorosa. Mas, quando nossos Pais deram o livre-arbítrio a suas criações, os seres humanos trouxeram a negatividade e o mal para este mundo por causa de suas ações falhas.

Como nossos amorosos e sábios Mãe e Pai são perfeitos de todas as maneiras, naturalmente sabiam que isso aconteceria. Desse modo, Eles nos deram muitas oportunidades para aprender e ajudar a desenvolver nossa alma.

A coisa sempre volta para o fato de que não podemos saber o que é o bem a menos que tenhamos experimentado o mal, então precisamos aprender sobre a negatividade nesta escola de aprendizado chamada "Terra". Nesse sentido, a história de Lúcifer e dos outros anjos caídos é somente uma alegoria para explicar as criações humanas do mal e da negatividade.

Para oferecer outro exemplo, nós, como pais, sempre queremos que os filhos sejam bem-sucedidos e bons em tudo o que fazem, mas a personalidade de cada criança, individualmente, atua em boa parte nesse panorama. Podemos guiar, ensinar e tentar conduzir filhos e filhas pelo exemplo; entretanto, como não podemos estar com eles 24 horas por dia, as influências de outros podem desviá-los. Cada alma é diferente, e o livre–arbítrio determina que tipo de pessoa ela será.

Nunca se sinta culpado pelo desempenho de sua prole... Você pode tentar ser um bom pai simplesmente e esperar pelo melhor. Tenha em mente que as entidades escuras encarnam em grande número, então cada um de vocês se confrontará com um ou mais deles em seu período de vida. Embora possam não encarnar como um de seus filhos, eu garantiria que existe uma entidade escura em algum lugar em sua família. Assim, se você tomar a atitude de tentar aprender com suas ações, descobrirá que o negativo pode se tornar um positivo.

Minha mãe, por exemplo, é uma alma escura, e sinto que se eu sou uma mãe melhor do que ela, é porque não segui seus conselhos e ações. Então, se você sofreu abuso por parte do pai (mãe) ou outro membro da família, aprenda com a experiência e a transforme em algo que pode funcionar positivamente para você em sua própria vida.

Nunca se engane com o fato de que as entidades de almas escuras são muito sedutoras. Elas são insidiosas e parecem se encaixar em sua vida como mãos em luvas. Podem vir com grande conhecimento e, como minha avó costumava dizer, "com a habilidade de falar e enganar com sua língua de prata". Se você é pego em sua rede, então o controle e as manipulações começam.

Entretanto, como entidade de alma clara, você normalmente terá um sinal de alarme, como se algo não parecesse certo. Não quero descrever a mais comum das sensações que você tem quando está em um grupo ou uma igreja e percebe que aquilo não é para você. O sentimento é diferente... É um alarme alto, que começa a fazê-lo se sentir pequeno e controlado. Mesmo se alguém lhe disser que não pode fazer perguntas, ou que existem segredos que não pode saber, isso não diminui seu valor. Francine diz que o que quer que você queira saber pode ser respondido a você – nossos Pai e Mãe não têm favoritos, nem permitem que apenas "alguns escolhidos" saibam tudo.

Como eu disse muitas vezes, as entidades escuras são como mísseis que perseguem o calor e têm por foco diminuir sua autoestima e aniquilar a bondade dentro de você. Querem arrancá-lo pela raiz, fazê-lo duvidar de si mesmo, perder a fé e fazer com que fique depressivo e doente. Enquanto puderem cometer atrocidades inimagináveis, seu objetivo verdadeiro será destruir sua alma e fazê-lo perder o interesse na vida e na espiritualidade.

Tenho uma amiga que manteve um relacionamento com uma entidade escura e se sentia sufocada, como se aquela pessoa fosse um ladrão de oxigênio. Na verdade, o que eles fazem a você psicologicamente pode resultar em todos os tipos de dor física: você sente que os está "carregando" (o que se manifesta como dor nas costas); podem fazer seu "sangue ferver" (pressão alta); você não consegue "engoli-los" (úlceras); "partem seu coração" (ataque do coração ou similares); você não "quer ouvi-los" (surdez); eles o (a) consomem (fadiga crônica); e assim por diante.

Claro, existe muita doença neste mundo, mas primeiro olhe para sua condição de vida e realmente preste atenção ao modo como se sente quando está perto de colegas de trabalho, amigos, membros da família, companheiros e mesmo dos próprios filhos. Se a negatividade realmente foi implantada em seu cérebro por uma alma escura, existe uma solução fácil: pressione sua testa, entre os olhos, com o dedo indicador e diga: "Expulsar". Você pode se surpreender com quanto se sentirá melhor.

Em mais de 54 anos de leituras, vi muitas pessoas ficarem com entidades escuras porque sentem que é seu dever, seu carma ou seu desenvolvimento espiritual. Entendo completamente, pois vim de uma educação católica e sentia que eu precisava fazer o melhor de meu casamento, não importava como. Meu primeiro marido era tão abusivo, física e mentalmente, que acabei num hospital; quase morri. Achava mesmo que podia fazer as coisas darem certo, mas, quando isso afetou nossos filhos, tive de ir embora.

Quando ele começou a perseguir nossos filhos, enfim percebi que não podia salvá-lo. Precisei de muita coragem para escapar dessa terrível situação, especialmente porque meus filhos e eu não tínhamos dinheiro. Mesmo assim, Deus sempre cuidou de nós, e qualquer coisa era melhor do que perder a mim mesma e terminar tão para baixo que não teria energia para escapar de jeito algum.

Aquele homem mais tarde se embebedaria e atropelaria um menino que estava numa bicicleta; disse muitas mentiras (e ainda diz). Entrou num casamento com uma mulher que teve de ir para uma clínica de reabilitação para se livrar do vício em álcool, mas continuou bebendo – então "encontrou a religião" e se tornou um cristão renascido, que julga a todos. É muito triste.

Pode ser chocante saber que, por mais evoluídos, espiritualizados e protegidos que sejam, os espíritos-guias e anjos não querem estar perto de almas escuras. Não se colocam em qualquer ambiente negativo a menos que sejam obrigados. Então, se esse é o caso, o que faz com que nós, frágeis humanos, pensemos que podemos converter ou manter a distância toda a negatividade? Não podemos... Mas *podemos* aprender, e ainda sobreviver ao assalto da escuridão que encaramos na vida por estarmos, constantemente, combatendo-a e fazendo o bem.

Sim, podemos nos proteger, mas por que não saímos de perto da negatividade tanto quanto possível? Afinal, mesmo se formos viajantes místicos, não podemos mudar ou converter entidades de almas escuras. Como Jesus disse, "não atirem pérolas aos porcos" (Mateus 7:6). Então, vamos prestar atenção a essas palavras profundas.

Como os viajantes místicos podem ajudar

Além de praticarem boas ações, as almas evoluídas são as únicas, além dos anjos, que podem neutralizar a negatividade e a escuridão. Os tronos e os principados são o exército de anjos de Deus, mas, como não viveram vidas, os viajantes místicos têm maior entendimento da batalha do que eles. As entidades evoluídas são as campeãs em salvar os planetas da escuridão, os cruzados e protetores que ajudam quando e onde quer que possam.

Eles realmente têm as próprias montanhas escarpadas para subir e quase todos são alvo de zombaria, são ridicularizados ou difamados de uma forma ou de outra. Mas estão cientes de que a vida é curta, não importa quanto tempo vivam; que tudo é transitório e está em movimento; e que nada dura para sempre. Como abandonaram suas vontades, devem estar sempre a serviço de Deus, a qualquer momento. Graças a seus mantos, estão prontos para lutar contra todas as injustiças e a escuridão; mais que tudo, são educados e têm o conhecimento passado a eles.

Francine diz: "os viajantes místicos estão em uma categoria própria, livres para ir a qualquer lugar, tempo ou espaço. Estão totalmente em uma elevação da alma para si mesmos". Parece que são uma resposta da Mãe e do Pai Deus para as entidades escuras. Não os combatem como os anjos fazem; em vez disso, protegem as outras pessoas e lhes dão coragem quando *elas* precisam lutar. As almas evoluídas têm maiores poderes do que as entidades escuras, mas estas são em maior número; desse modo, isso verdadeiramente se resume a ter viajantes místicos em número suficiente para combatê-los.

As almas escuras nunca se esgotam, porque este planeta (único inferno verdadeiro) é negativo por natureza, então ele se torna o hábitat para eles. As entidades claras têm uma tendência a se esgotar mais rapidamente, porque são largamente superadas em número, e a negatividade *não* é seu ambiente. As escuras prosperam na negatividade e, assim, parecem ir em frente cada vez mais; também são enganosas e podem mesmo fingir serem viajantes místicos.

Entretanto, os verdadeiros viajantes místicos nunca se esquivam à responsabilidade, não fogem ao dever nem desertam – eles se mantém contra toda a adversidade.

Como você pode ver, a Terra precisa de uma quantidade incrível dessas almas evoluídas. Para vencer os problemas horrendos deste mundo, só faz sentido que estejam aqui em grande número, para combater a escuridão. Lembre-se sempre de que as entidades de almas claras são mais fortes que as entidades de almas escuras porque a espiritualidade que criam e disseminam é a verdadeira manifestação do poder da Mãe e do Pai Deus... E ninguém é mais poderoso do que Eles.

Não acredito que tenha havido uma batalha entre Satanás e São Miguel no princípio, pois aquele era apenas um símbolo para as entidades escuras que se separaram de Deus. Além disso, somente no nível racional, existem milhões de arcanjos, e não poderiam todos eles se chamar Miguel. Sinto que no final dos tempos haverá a batalha dos viajantes místicos contra os poderes da escuridão – as almas evoluídas não lutarão com espadas ou armas, mas, em vez disso, encherão o mundo com tanta verdade e luz que aqueles que optarem pelo escuro não terão onde se esconder. A velha expressão "a verdade o libertará" é extremamente verdadeira.

O lado escuro tenta com força vencer os viajantes místicos, mas também tem um pouco de medo, porque as almas evoluídas podem chamar Azna, a Mãe Deus, e outras poderosas fontes protetoras. Isso pode incluir servos de anjos e outros protetores, seres amados que já faleceram, ou mesmo membros do conselho do Outro Lado.

As entidades escuras caem em suas próprias covas; o problema é que elas sempre justificam a si mesmas, porque nunca estão erradas aos próprios olhos. Enquanto isso, nós, entidades com missão de vida ou viajantes místicos, frequentemente nos preocupamos se estamos no caminho ou desejamos que pudéssemos ter feito certas coisas de modo diferente; isso é estúpido. Nossos caminhos estão colocados, e nós somos ou claros ou escuros – nunca podemos transformar uma entidade escura em clara ou vice-versa. Os viajantes místicos não podem deixar ninguém andar no núcleo de seu Deus, mas também devem encorajar e ser protetores de outras entidades claras não tão fortes quanto eles. Eu, por exemplo, tive de levar meus filhos comigo e protegê-los do pai. Embora nunca tenha falado mal dele (eu não precisava), e embora eles carreguem seu sobrenome, meus filhos não querem nada com aquele homem.

As entidades escuras são robotizadas e escolheram se separar de Deus. Por mais inflexíveis que nós, entidades claras, sejamos quanto a nos fazer evoluir, elas são tão inflexíveis quanto a tentar nos tirar dos trilhos e nos fazer acreditar que a evolução da alma é falsa. Elas tentam nos enganar e nos fazer pensar que podemos fazer o que quisermos, sem consequências, e tentam nos influenciar (ou deixam outros fazê-lo) para sairmos do caminho. Novamente, isso não tem nada que ver com ser parte de um grupo, religião ou sociedade – vi muitos viajantes místicos que eram católicos, judeus, muçulmanos, budistas, protestantes e assim por diante.

Raheim diz: "Os viajantes místicos poderiam ser chamados de um fenômeno que decorreu da própria concepção da criação... mas você não ganhará uma marca preta ou uma retribuição em sua alma se aceitar ser um viajante místico ou não".

"No final da reencarnação esquemática de Deus, mesmo as entidades escuras encontrarão a si mesmas absorvidas de volta numa massa não criada de Deus, enquanto o resto de nós manterá suas identidades individuais no Outro Lado. Eles escolheram se separar, o que foi a escolha de seu ego e de seu livre-arbítrio no Outro Lado. Deus fez tudo perfeito, mas, uma vez que ganhamos nosso livre-arbítrio, decidimos nos tornar almas claras ou escuras. As entidades de alma escura realmente servem a um propósito: além de criarem a negatividade para aprender com ela, também criaram a necessidade de viajantes místicos para dissipar aquela negatividade. Mesmo com todo o seu poder, os viajantes místicos não podem transformar entidades escuras em claras, e não deveriam perder seu tempo tentando fazê-lo. Nem mesmo gaste suas oito chaves com eles – apenas os abençoe e deixe-os seguir seu caminho".

Raheim também nos adverte para sermos cuidadosos no julgamento de entidades escuras, porque as ações, verdadeiramente, falam mais alto do que palavras. Só porque você não gosta de alguém que é esquisito ou qualquer coisa assim, não necessariamente significa que essa pessoa seja uma alma escura. Muitas entidades claras podem ser irritantes, por causa de tudo o que passaram na vida. Podem existir pessoas de quem você não goste, mas não deixe a pretensão ou o ego fazerem de você o juiz e o júri de uma entidade clara que é apenas irritante.

As entidades escuras não têm sentimento de culpa, e nunca estão erradas – *você está*. Elas ferem e não se incomodam, e nunca olham para trás. São cheias de malícia e olham com superioridade para toda raça, credo e opção sexual; muitas vezes gostam de se esconder atrás da Bíblia e selecionar as passagens que lhes servem. Esteja também consciente daqueles que parecem ser santos ou bons e, mesmo assim, são ilógicos ou jorram falsidade. Estes são os Jim Jones, os David Koreshes, os Adolf Hitlers, os Saddam Husseins e assim por diante. Suas ações podem parecer razoáveis e boas às vezes, mas então se voltam para o mal e tomam o controle, começando a manipular e a usar os outros para seus propósitos.

A coisa boa é que, se há alguém a quem uma entidade escura não consegue derrubar, é um viajante místico (ou, verdadeiramente, nenhuma entidade clara). O viajante místico tem as ferramentas de tolerância para se manter no caminho, não importa o que a imprensa negativa diga, ou as mentiras ou assassinatos de caráter que são cometidos contra eles. As entidades escuras não acreditam em Deus... elas não podem porque se recusam a deixar a luz entrar. Rebaixam profetas, celebridades e mesmo cientistas que tentam fazer o bem, ainda assim, estranhamente, não têm problemas em pedir dinheiro para ir adiante com suas próprias causas.

Vencendo a escuridão

Mesmo as entidades claras podem ser pegas em propaganda falsa produzida por uma entidade escura – basta olhar para a Alemanha sob Hitler, ou o Iraque sob Saddam –, mas elas, normalmente, voltam a seu juízo perfeito. Alguns dos que são desviados podem deslizar para fora da luz por um tempo, mas geralmente a levam para dentro de sua alma para que se endireitem sozinhas. Todos nós experimentamos isso de uma maneira ou de outra: talvez tenhamos sido crédulos o bastante para acreditar em alguém ou algo em que não deveríamos, mas então nossa alma acordou e nossas luzes brilharam mais fortes. Tenha em mente que, se não houvéssemos conhecido a escuridão pelo que ela era, não poderíamos combatê-la.

Como Francine disse, "Toda pessoa deveria assumir o próprio controle em vez de ser controlada por alguém". Quando indagada sobre como podemos neutralizar a energia negativa, ela respondeu: "Pelo conhecimento... e isso é estar consciente do inimigo, que é o lado escuro. A boa notícia é que o véu está ficando mais fino entre o meu lado e o plano da Terra, e espíritos-guias e anjos podem ajudar mais". Em minhas palestras e durante minhas aparições no programa de *Montel,* tenho notado que mais pessoas têm visto seus guias, seres amados falecidos e anjos.

Porém, o lado escuro também observa que o véu está ficando menos espesso e tem atacando com mais vigor. Então, os viajantes místicos *podem* falhar, mas quase nunca têm a intenção de fazê-lo, e intenção e motivo são tudo. Existem acidentes, palavras ditas na afobação; não as leve para o leito de morte, mesmo se perder a calma num momento de estresse... Com muita frequência vejo as pessoas carregando falhas e culpa por algo que não está sob seu controle.

Temos tendência a esquecer que os outros escreveram seu próprio caminho; também não podemos nos responsabilizar por entidades de almas escuras que são amigos ou membros da família, porque elas podem estar ali para testar nossa tolerância ou paciência. É importante assinalar que às vezes nós simplesmente temos de seguir nosso caminho e os deixar lidar com o seu.

As entidades escuras podem fazer você sentir-se fútil, deprimido e mesmo doente – é o que chamamos de ataque antiparanormalidade. Também podem enviar energia negativa a distância, então não são somente aqueles a nossa volta que são culpados. Grande ambição, grande injustiça, julgamento errôneo e mesmo comunicação extensa (propaganda) usada da forma errada podem exacerbar a escuridão.

Meu conselho é ignorá-los, pois no final a verdade virá. Ninguém está certo em tudo – exceto Deus, é claro –, então, não deixe tais pessoas tirarem você do caminho de fazer o bem. Mantenha sua aura limpa cercando-se da luz branca do Espírito Santo ou visualizando espelhos ou uma rede prateada em torno de você. Use visualizações de defesa positivas para vencer ataques negativos, e sempre peça a proteção de Deus. Proteja também sua casa e seus amados e até mesmo o mundo colocando uma luz branca e uma rede de prata em torno deles.

Se os viajantes místicos se colocam na posição de se sentir encobertos pela escuridão, podem reafirmar as oito chaves douradas; fazendo isso, sua aura podem alcançar 10, 12 ou mesmo 15 metros (e até mais, se se concentrarem) para dissolver a escuridão. A habilidade para dissipar e dissolver a escuridão é uma de suas principais armas para ajudar a humanidade.

Diferentemente de outras pessoas, os viajantes místicos precisam professar suas crenças, e somente podem ajudar seus companheiros homens e mulheres a fazer o bem. Isso não necessariamente significa que eles tenham de pregar, porque também podem professar por meio de suas ações, mas realmente devem responder aos outros se perguntados. As almas evoluídas devem exteriorizar suas ações e palavras para terem o efeito abençoado – qual seria a utilidade em tê-los se o guardassem para si e não pudessem espalhar a luz e o bem? Como disse Cristo, tão lindamente: "Assim também a luz de vocês deve brilhar para que os outros vejam as coisas boas que fazem e louvem o seu Pai, que está no céu" (Mateus 5:16).

O conselho e os guias têm uma visão um pouco turva a respeito das entidades que vivem em solidão total. Claro, se estamos num período de luto, sofrimento ou dor, podemos muito bem dar uma parada e viver num período desértico por um tempo; entretanto, levar uma vida inteira como eremita é um desperdício, porque nossa luz deve ir para fora, para o mundo. Podemos nos revitalizar por certo período, mas então devemos nos levantar e começar nossa jornada como viajantes místicos novamente. Por quanto tempo podemos manter escondido algo maravilhoso, que dá alegria aos outros? A primeira coisa que queremos fazer não é partilhar nosso conhecimento e espiritualidade?

As seguintes frases são de Francine:

- "O ódio não é algo que precise ser partilhado tanto quanto o amor, pois Deus e a criação são amor."

- "Quando você está apaixonado, quer dividir isso com todo mundo."

- "Quando você está num estado de ódio ou vingança, fica rabugento, autocentrado e doente."

Com que frequência você ouve alguém dizer que está num estado de ódio? É natural os viajantes místicos se sentirem negativos, porque eles são humanos, mas, se o sentimento persiste, pode ser um sinal de que a escuridão os deixou sombrios. Se isso acontece, eles devem se levantar e melhorar, e então falar, usando as oito chaves, reforçando e reafirmando seu caminho como viajantes místicos.

Todo mundo pode sentir quando você está para baixo ou sombrio, assim como pode dizer quando você está brilhante e alerta. Eles não precisam ver isso; é um conhecimento intuitivo que algo não está certo quando você está deprimido. Mas, quando você reafirma sua luz, ela se torna mais brilhante, e sua aura explode em cores vivas.

Capítulo 9
Os sete raios de Deus

É surpreendente a quantidade de vezes em que os números seis e sete aparecem na criação: existem sete níveis do outro lado, que é, ele mesmo, chamado de "a sexta dimensão", e há seis níveis de evolução da alma. Há ainda os sete dias da semana na qual o mundo foi supostamente criado, embora este, na realidade, tenha sido feito num instante. Devemos parar de dar uma linha do tempo a nossos Criadores, porque tudo com Eles sempre foi e sempre será.

Deparamo-nos com o número sete novamente quando os viajantes místicos se tornam inteirados dos "sete raios de Deus". Esses raios não devem ser confundidos com nada mais que é dado aos viajantes místicos, porque são separados e únicos em si mesmos. Cada um deles está ligado à criação e ao modo como viemos a ser, como nos parecemos, nossos motes, nossos propósitos e assim por diante – os raios parecem ser tecidos por toda a teologia, mesmo o "começo" do que chamamos de "tempo".

Como a Mãe e o Pai Deus são iguais – empregadores de ensejos –, qualquer um pode ter acesso aos sete raios, mas os viajantes místicos os tomam para se aliar à criação e à força da divindade. As almas evoluídas os recebem mais profundamente, com o firme conhecimento que têm, para levar essas ferramentas para o mundo.

Embora você tenha vindo até aqui comigo, entenderei se ainda tiver reservas quanto a ser um viajante místico. Isso é perfeitamente correto. Talvez se tornar uma entidade evoluída não seja para você, mas a informação espiritual que está obtendo neste livro elevará sua vida. Se você é corajoso, desejará que sua alma evolua o máximo que puder; se não é, isso não o diminuirá nem um pouco aos olhos de nossos Pais.

É especialmente importante que você use esses sete raios, os quais poderiam também ser conhecidos como "as sete vibrações sagradas" na meditação, de forma que você possa mais facilmente completar sua jornada no plano terrestre. Quando você se cerca com eles, tornam-se mais profundos e mais ressonantes para todos a sua volta. E, também, quanto mais consciente você fica a respeito deles, mais consciente a escuridão está... e se afasta. Em outras palavras, as entidades escuras não têm acesso aos sete raios, o que dá a você uma boa margem para combater tais almas. Novamente, isso somente mostra que a luz sempre é superior ao escuro.

Agora, mais do que nunca, o mundo está imerso em tamanho caos que caminha a toda velocidade para seu fim esquemático. Pedindo para entrar nesses sete estágios vibratórios, você pode evoluir, purificar sua alma e se tornar um raio de luz neste mundo escuro e negativo. Os estágios vibratórios podem não ser para todos, mas podem ser uma bênção para a alma dos que são espiritualmente evoluídos.

Quanto mais espiritualizado você se torna, mais longe os raios se estendem e mais conhecimento você parece inspirar – e, claro, o conhecimento o libertará. Não me refiro ao falso conhecimento, mas àquilo ao que sua alma é suscetível, ou, para usar uma expressão mais comum, o que você sente "nas entranhas".

É tão gratificante para mim ouvir as pessoas dizerem: "eu sempre soube em meu coração que o que você dizia estava certo, Sylvia, mas ou eu não conseguia colocá-lo em palavras, ou estava preocupado como o que os outros pensariam de mim... não queria sobressair com louco ou excêntrico". Deve haver uma razão pela qual muitos de nós acabam chegando à verdade – acho que é por causa do processo; somos capazes de receber a informação vital que nossa Mãe, nossos anjos e espíritos-guias e nossos amados que já faleceram estão nos enviando.

No que diz respeito a usar os raios, existem duas citações de Francine que são definitivamente apropriadas. A primeira é: "em seu registro escrito de Deus, o que você tem para aperfeiçoar nesta vida é seguir seu programa individual e seus motes, e evoluir para Eles". A segunda: "quando você tem o conhecimento de que pode vibrar positivamente, está se desenvolvendo, e esse é o objetivo de seu próprio esquemático". Embora essas palavras possam parecer simplistas, são muito verdadeiras.

Veja: usar os sete raios de Deus não mudará seus motes ou seu plano de vida – mas Ele os realçará e os fará mais fortes. Você terá habilidades que não tinha antes, tais como praticar a cura, trazer a harmonia e anular a negatividade. É verdadeiramente fácil usar os raios, cores e vibrações, mas os humanos às vezes tornam as coisas muito complicadas. Saiba que usar a informação deste capítulo é suficiente... ela *fará* as coisas acontecerem.

Explicando os sete raios

Frequentemente me perguntam: "Por que as pessoas são tão cruéis, invejosas, politicamente enfraquecidas ou francamente descorteses?". Concordo que muitos parecem não se interessar pelos outros hoje em dia. As notícias, o estresse diário, os abalos financeiros e o colapso da família, da comunidade e de pessoas que costumavam se unir os enviou correndo como lemingues para o mar. Isso tem se tornado cada vez mais frenético, provocando aumento nos casos de depressão, fadiga e sentimentos de futilidade. Mas é evidente que aqueles que adotam medidas para se proteger não são afetados pelo "aumento de negatividade" que os outros sofrem.

Se você adotar uma pequena quantidade das medidas protetoras deste livro, elas não apenas farão sua alma evoluir, mas também tornarão sua vida mais feliz. Os raios deveriam ser sempre utilizados – não apenas quando você acha que vai travar uma batalha contra a escuridão, mas também no dia-a-dia. Certamente não o machucará proteger-se da negatividade 24 horas por dia, sete dias por semana.

As cores dos sete raios de Deus também correspondem aos "chacras" (ou vórtices de energia) do corpo, e podem emanar daqueles lugares. O que segue é um exame detalhado e completo de cada um dos raios:

1 – **O primeiro raio é a energia da força criativa.** Também conhecido como o "raio do pensamento", essa é a mais alta vibração, pois é uma emanação direta de nossos Criadores. Para entendimento de nossa mente finita, esse é o "começo" da força de Seus pensamentos, que originaram tudo o que há na criação.

É difícil para nós pensar que tudo sempre foi, mas nosso cérebro humano realmente compreende "começo", "meio" e "fim", embora o pensamento de que a Mãe e o Pai Deus se tornaram carne ainda prove que sempre existimos, seja em Sua mente ou fora dela, como seres individuais. Para usar uma analogia mais simplista, é quase como a gravidez: sabemos que o bebê existe dentro da mãe, mas ele ainda não se tornou verdadeiramente um ser completo (um aparte: se um bebê não nasce vivo, ou não chega a nascer, a alma não entra).

O pensamento de Deus vem numa vibração de luz prateada que vai em conjunto com as colunas prateadas que carregamos no topo da cabeça para as pontas dos dedos dos pés. Podemos erguer essas colunas em qualquer lugar, e os viajantes místicos o fazem especialmente bem. Na verdade, existe uma oração, que deve ser feita juntamente com o recebimento dos raios, para ajudá-lo a manter o ego sob controle:

"Peço que meu 'eu sou' seja alinhado com os raios, peço que meu 'eu sou' seja alinhado com a Mãe Deus e que a luz prateada venha por todo o caminho da negatividade até mim. Peço para permanecer no caminho pretendido para mim e para nunca me desviar".

Quando usamos o primeiro raio, estamos aptos a ver a Divindade que deveríamos conhecer ou entender, porque sempre pudemos sentir a Deus se prestássemos atenção. Entretanto, não podemos ver ou sentir nosso Pai, porque assumir uma forma não é Seu estado natural de ser, e Ele é tão poderoso que simplesmente escolhe uma forma por curtos períodos de tempo. Como ensina Francine, "o Pai Deus pode assumir uma forma, mas o faz apenas brevemente, enquanto Azna, a Mãe, escolhe ter uma constantemente". Não é porque Ela tem um poder menor – Ela somente se torna mais humanizada, enquanto as vibrações Dele são mais etéreas.

Esse raio é verdadeiramente a emanação de nossos Pais, só que em formas e atributos diferentes. O "pensamento" na primeira vibração se separa, o que vem do macho e da fêmea, a Criação e a Forma, e tudo isso então vai para o infinito.

O primeiro raio é tudo que se refere à vida e à criação, e você pode cercar-se dele e se banhar com seu brilho. Certifique-se de visualizar esses raios e cores vindo do topo de sua cabeça e atravessando cada órgão, pois ele manterá o estresse longe de você.

2 – O segundo raio vem quando o real pensamento se torna carne. Veja, depois de sua criação, que o pensamento é agora colocado em espécies separadas, cada uma com sua própria identidade, assim como todas as coisas vivas têm suas diferenças.

As únicas entidades que não encarnam são os anjos e os membros do conselho do Outro Lado, que nos ajudam em nosso caminho. O conselho consiste em entidades muito evoluídas que nos ajudam a tomar decisões – ao mesmo tempo em que estas nos dão todo tipo de aconselhamento, nunca nos julgam. Podemos nem sempre ouvir o que queremos delas, mas elas realmente nos aconselham naquilo que seria o melhor caminho.

Isso me lembra de quando o primeiro grande amor entrou em minha vida. Eu estava na faculdade, e me relacionei com ele por alguns meses até descobrir que era casado (apesar de estar separado no momento). Embora ainda desejasse ficar com ele, Francine me informou que o conselho havia dito que não era certo. Então, com cada milímetro de força que pude reunir dentro de mim, mandei aquele homem voltar para a mulher. Era a coisa certa a fazer, mas nenhum dia se passou, em todos esses anos, sem que não tenha pensado nele. Quando isso acontece, eu me digo que sempre existe nosso Lar, onde podemos encontrar os seres amados que simplesmente não eram para esta vida, não importa o quanto nossas emoções o quisessem.

A cor do segundo raio é um azul muito escuro. Francine diz: "É muito difícil descrever essas cores, porque elas estão vivas – respiram e vibram com a força de sua vida e de Deus. Esses raios, como vêm de Deus, são mais escuros no centro, ou na parte que está mais próxima de seu corpo, ou de sua "matéria", como nós a chamamos. Emana numa espiral em sua volta e a cor enfraquece em direção ao fim".

Como viajante místico, você pode usar esses raios para dissipar a escuridão ou a negatividade em outras pessoas, quer elas saibam ou não. Se você vê duas pessoas brigando verbal ou fisicamente, por exemplo, pode mentalmente atravessar-lhes com uma luz azul para lhes trazer paz. Você não lhes está causando mal algum, porque está apenas protegendo-as – e não tentando convertê-las ou mudando sua crença. (Também é bom usar essa técnica quando estiver dirigindo, porque há muita raiva no trânsito.)

Mesmo que não seja um viajante místico, você pode usar os raios, se quiser combater doenças, negatividade e coisas assim; as almas evoluídas têm mais controle sobre os raios e podem direcioná-los melhor. Tenha em mente que Deus não tem favoritos, e tudo está disponível para todos. É mais ou menos como dizer que qualquer um pode tocar piano, mas nem todos serão pianistas de concerto... O mesmo pode ser dito sobre os viajantes místicos.

Visualizar a luz azul a seu redor traz paz e tranquilidade.

3 – O terceiro raio é usado para dispersar verdadeiramente a energia negativa. Como o primeiro e o segundo raios, o terceiro ilustra que os pensamentos são coisas; então, antes de seguir adiante, devemos perceber que, como somos parte do divino, temos grande poder.

Embora tenhamos traçado nosso caminho, podemos minimizar os traumas, ou mesmo passar por eles mais rapidamente, usando o pensamento. (Também temos o poder de criar milagres.) Além disso, podemos aumentar nossas finanças afirmando a abundância, o que não significa "apenas sobreviver". Infelizmente, com frequência nos tornamos tão desvairados que mantemos a distância aquilo que mais desejamos. Acontece o mesmo quando a negatividade é tão espessa que nada de bom pode passar por ela – nossos períodos desérticos duram mais tempo ou erguem uma barreira, e o que precisamos ou queremos não pode chegar até nós. Ainda como Francine explica, "Se removermos uma necessidade obsessiva, então a abundância ou nosso desejo poderão chegar".

A terceira chave é da cor verde-esmeralda, que é a matiz do curandeiro. Enquanto todos podem curar, os viajantes místicos têm dentro de si uma trilha especial: podem invocar o conselho; os anjos, especialmente a ordem dos arcanjos, as potestades, os tronos e as municipalidades; e mesmo a espada de Azna, que, com Sua ajuda, pode substituir a doença pela saúde. Na verdade, a espada de Azna é capaz de atravessar qualquer tipo de negatividade – não tanto por aqueles que a usam, mas pelos outros. Isso é bom porque é sempre muito difícil para as entidades evoluídas não viver para o próprio caminho, mas também para ajudar os outros.

Não quero absolutamente que você sinta que os viajantes místicos são membros de um clube elitista onde ninguém se encontra, e o juramento é apenas entre as almas evoluídas e Deus. Mesmo se não escolher ser uma dessas almas, poderá ser tão desenvolvido quanto elas aos olhos da Mãe e do Pai Deus, e Estes não amam algumas pessoas mais do que outras. E, se você realmente se tornar um viajante místico, nunca terá a ideia de que é melhor do que qualquer outro ou um dos "chamados e escolhidos" de Deus, pois é a *sua* necessidade de ascender, não a Deles, que o chama para tomar o manto.

A cor verde é um símbolo de reprodução, vida e crescimento; assim como tem o tom de curar e de eliminar a negatividade.

4 – O quarto raio o ajuda a renovar o compromisso de entregar sua vontade a Deus, de forma a atingir seu nível pessoal de perfeição. Sempre com a ajuda do conselho, você delineia o que irá fazer e o que será necessário para chegar lá. Mesmo os viajantes místicos têm de caminhar pelas estradas da vida, algumas das quais estão danificadas pela ação da água ou esburacadas – cada um de nós precisa de toda a ajuda que puder conseguir para atravessar essas estradas pedregosas.

Os viajantes místicos têm todas as cores dos raios emanando de sua aura. Juntamente com a espada de Azna, são oponentes muito efetivos contra toda e qualquer negatividade. Este raio usa a cor laranja, que é a minha favorita, porque não carrega a raiva do vermelho. Não que o vermelho seja de forma alguma ruim, mas o laranja é mais leve e representa o anoitecer e o amanhecer para mim...o começo e o fim.

Pense também nos muitos grupos religiosos que usam o laranja – tais como os monges budistas e tibetanos. Como o pôr-do-sol, as vestes laranja desses monges significam a vida e a renovação. Isso não significa que você será capaz de trazer os mortos de volta à vida usando essa cor, mas a aura vibratória do laranja *pode* dissipar a depressão. Na maioria dos casos ela até mesmo ajudará as pessoas que desistiram da esperança e estão nas garras do sentimento de que querem acabar com sua vida.

O quarto raio é como a sua sinfonia pessoal. Alguns de vocês podem ter me ouvido falar da música das esferas (a qual permeia o Outro Lado)... Bem, isso é o que eu estou descrevendo. A criação não é apenas carne, animais, montanhas, rios e assim por diante; é uma força viva, que respira, permeando todas as coisas vivas. A música das esferas e as cores dos raios são apenas os exemplos principais daquela energia.

À medida que usa esses raios vívidos e coloridos, você pode realizar coisas que nunca soube serem possíveis. Você não precisa da satisfação do ego, de sempre ver o que fez, mas saberá que fez a coisa sagrada e certa. Quando você, realmente, ouvir sobre o bem que fez, lembre-se de que ele veio de Deus – sempre mantenha seu voto para com Ele no fundo de sua mente, lembrando que você é apenas um barco ou tubo através do qual a energia Dele passa.

5 – O quinto raio é relacionado ao conhecimento — não apenas a quantidade de informações que você adquiriu em cada período de vida, mas também o quanto você, como um viajante místico, pode avidamente buscar. O conhecimento está em toda parte; negá-lo, é uma das formas de perder o objetivo de fazer seu espírito crescer, não importa de que religião ou credo faça parte.

Independentemente do caminho que tome para aumentar seu desenvolvimento e espiritualidade, você deve sempre estar atento para adquirir conhecimento. Mas o que encontrará não será de todo verdadeiro ou útil – você precisa separar o joio do trigo e guardar o que funciona *para você*. Afinal, crenças não são necessariamente verdades, e muitos têm crenças equivocadas porque foram ensinados de forma errada. Quanto mais conhecimento você conseguir, maior capacidade terá de distinguir a falsidade da verdade. A verdade o fará sentir-se bem e fará sua alma decolar!

O magnífico é que, quanto mais você aprende, mais tem fome de conhecimento, mesmo do Outro Lado. Quando todo mundo começa a subir mais alto, então toda a informação acumulada começa, estranhamente, a convergir para uma verdade máxima, e a espiritualidade se torna um guarda-chuva sobre todas as religiões.

Os viajantes místicos sempre migram em direção à verdade máxima. Essa verdade é universal, muito simples e cheia de entendimento – e para sempre livre de inveja, ganância, vingança e malícia. Você pode encontrar a verdade máxima apesar de todas as diferenças... Só precisa "manter os olhos no prêmio". Isso significa nunca ferir ninguém com malícia premeditada; e, enquanto você pode sempre aspirar a realizar bons trabalhos e obras, também precisa se lembrar de que é humano.

A única pessoa com a qual você pode lutar ao máximo em seu desenvolvimento para ser um viajante místico é você mesmo. Você não precisa ser perfeito, ou algum tipo de santo; é muito mais importante pensar em si mesmo como peça de um quebra-cabeças. Se a sua peça quebrar, isso afetará as outras. Isso não apenas lhe dá importância espiritual, mas também o mantém conectado e distante de todo isolamento.

Junte o conhecimento de *todos os lugares* – seja ele sobre pessoas, livros, sistemas de crença, escolas ou meros eventos do dia-a-dia –, porque tudo é parte deste mundo. Assim, certifique-se de que o conhecimento lhe serve; de outra forma, você começará a viver sob o abrigo de outra pessoa, e não agirá a sua própria maneira. Você deve ter liberdade para se expressar, ser verdadeiro e se desenvolver a seu modo... é aí que a religião tem, tragicamente, saído da linha.

Não permitindo a todas as pessoas seguir seu caminho a sua maneira, a religião tentou se encaixar em todos os tipos de pensamento ou dogma, de acordo com suas respectivas crenças, funcionando como um objeto pontiagudo que perfura a individualidade da evolução da alma. Se as pessoas tentassem escapar ou desafiar, eram rotuladas como "pecadoras" ou "más".

Você pode ser o pensamento, você é feito de carne, e pode evoluir. *Evoluir* nada mais significa do que o estado de se tornar carne para aprender para Deus. Se escolher ser uma entidade que deseja atingir um nível mais alto e se tornar um viajante místico, você poderá permanecer no caminho simplesmente reunindo conhecimento e mantendo-se sob os raios de Deus. No processo, você automaticamente forma raios dentro da sua aura, e isso é o que muitas pessoas sentem ou percebem.

A cor do quinto raio é roxa, e, cercando-se com ela, você será ajudado em sua busca pelo conhecimento.

6 – O sexto raio é conhecido como ativação, experiência e proteção. Utilizando esse raio, você está colocando em uso sua experiência – está, mais ou menos, ativando o que aprendeu até agora em seu desenvolvimento. Se estiver em sua última vida, sentirá pedaços e fragmentos de cada emoção, seja ela grande ou pequena, assim como dos diferentes eventos pelos quais pode não ter passado ou terminado de experimentar completamente em encarnações passadas.

Esse é o raio de proteção, cuja cor é branca, e podemos usá-lo para cuidar dos outros. Mesmo que precisemos experimentar muitas coisas na vida, quando temos a luz branca em torno de nós, isso nos ajuda a fazer com que passemos por elas de forma mais fácil. Por esse motivo, sempre precisamos nos cercar com a luz branca do Espírito Santo.

Todos os raios neutralizam a energia negativa, mas este *verdadeiramente* a dissipa. Como os raios estão baseados uns nos outros, começam a funcionar individual e coletivamente – então, quanto mais você os usa, mais fortes eles se tornam.

Alguns podem pensar que o primeiro raio (o pensamento de Deus) é o mais importante, mas realmente o pensamento é muito embrionário. O sexto raio é vital, porque, fora dessa forma de vida, você fez de si aquilo que gostaria, de forma a experimentar para Deus. Alguns escolherão ser viajantes místicos ou entidades com missão de vida, ou somente almas claras que atingem o Outro Lado e glorificam a Deus... Realmente não importa, porque é tudo por Eles.

7 – O sétimo raio é a culminação de tudo o que você já fez em sua vida, bem como do que você experimentou do Outro Lado. É o último "grito de vitória", por assim dizer, quando você volta e consegue o manto total do viajante místico. Isso significa que o primeiro que você pegou não era permanente? Não, claro que não. Esse segundo manto é simplesmente mais rico e mais permanente, e está lacrado pela Mãe Deus.

Então, depois que essa encarnação terminar, você repousará e assumirá suas tarefas no Outro Lado. Depois disso, será chamado para ir para os outros planetas. Se parece que você nunca vai parar,

Viagem mística

é por isso que é conhecido como um *viajante místico*. Carregará continuamente com você o manto da salvação, então poderá ajudar, curar e mesmo transmitir alguns dos raios a outras pessoas.

A cor do sétimo raio não é preestabelecida como as outras, então pode ser a cor que você quiser. A maioria dos viajantes místicos escolhe dourado ou púrpura, porque essas cores estão, geralmente, associadas à realeza e à espiritualidade evoluída, mas escolha aquela que sentir que se encaixa melhor em sua aura. Como mencionei, eu realmente gosto da cor laranja, mas também uso púrpura e dourado, porque elas me convêm.

Os viajantes místicos não saem do caminho, mas podem parar e se tornar imóveis – e o único momento em que há perigo de falha é o período entre o quarto e o quinto raios. Os outros raios são colocados em ordem por Deus, mas, quando você chega ao quinto deles, estará sozinho. Depende de sua própria iniciativa procurar informação; se não o fizer, se tornará estagnado ou desencantado, ou poderá ser desviado do caminho por outra pessoa. Esse também pode ser chamado o raio que lhe testa, pois, se você parar de ensinar e procurar informação, estará em estado de fechamento.

Se você desistir de aprender e procurar, ou se importar em experimentar, seu corpo e mente não receberão novas informações – quando isso acontece, o corpo se torna enfraquecido e a mente, deprimida. A senilidade começa porque você se torna tão inerte que sua mente pensa que está morto. Lembre-se, sendo um viajante místico ou não: "Se você não o utiliza, ele se perde".

Claro que você ficará cansado e poderá ser testado, mas não seja enganado por um estado de crença segundo o qual já sabe o suficiente, ou segundo o qual seu conhecimento é tão grande que não precisa evoluir. Você pode se encontrar num estado de espírito tal que não precise que as coisas sejam mais difíceis, ou querer ficar onde está. Bem, você deve ir além desse ponto. Ainda será um viajante místico se não o fizer, mas não terá completado seu verdadeiro propósito na íntegra.

Mesmo a mais clara das entidades pode tropeçar e falhar, mas as verdadeiras manifestações se recomporão e seguirão em frente. Tenha em mente que o juramento que você fez não foi somente para Deus – foi também para você mesmo. Então, se desistir, não haverá outra maneira de sua alma evoluir a não ser viver outra vida para completar seu treinamento como viajante místico.

O juramento é muito mais sério do que qualquer outro, carregando tanto peso que podemos dizer que está escrito no "pergaminho de Deus". A maioria das entidades que comete suicídio (a menos que seja sem maldade ou rancor) não é obrigada a voltar a não ser que escolha fazer isso, mas, se os viajantes místicos falharem em se manter na busca e em crescimento, definitivamente terão de voltar. É muito importante estar ciente dessas armadilhas para conseguir superá-las.

Fortalecendo os raios

Uma vez alguém me perguntou como podemos fortalecer as chaves e os raios. Bem, Francine disse que usá-los atrelados aos nossos chacras pode ser muito útil: "Se você começar com o chacra da coroa e trabalhar todo o caminho para baixo pelo meridiano do corpo, poderá limpar seus chacras com meditação. Não demora muito e fará duas coisas: equilibrará seu corpo físico com seu espírito; e ajudará você a se manter no caminho e a completar suas tarefas".

Você também achará efetivo percorrer as oito chaves uma vez por semana e observar onde você pode ser melhor – na *fortaleza, clemência, honestidade ou honra, lealdade, gratidão, paranormalidade ou habilidade de cura, leveza, e vasta ou grande inteligência* (conhecimento inspirado). Então, você deveria atravessar os sete raios em seu corpo, lembrando, enquanto você faz isso, ao que eles se relacionam, e perguntando se há mais que você possa fazer para realçar a vida dos outros. Você também pode fixar colunas de luz em torno das pessoas, bem como cercá-las com os raios. Eu, pessoalmente, prefiro o raio prateado – mesmo que minha cor favorita seja o laranja. Uso o prateado mais para proteger as pessoas ou ajudá-las a atravessar. Também uso o verde se não me sinto bem ou se alguém mais está doente. Tenho ouvido das pessoas em minhas palestras, ou mesmo na platéia de *Montel*, que eles veem prateado em minha volta toda – no que diz respeito a Montel, sua aura, verdadeiramente, irradia dourado (entidades escuras emitirão uma cor escura, turva ou nenhuma cor, e seus olhos são duros como mármore, ou como os de Charles Mason).

Os raios podem emanar de todo mundo, mas não com o mesmo poder dos viajantes místicos. Essas entidades evoluídas caminham por aí com todas as cores unidas a seu corpo; entretanto, se a escuridão ou a negatividade vêm, então os raios começam a saltar para fora deles.

Quando você acorda, de manhã, seus raios coloridos podem estar bem perto de seu corpo. Muitas vezes isso é uma necessidade subconsciente de proteção, que indica que você está muito estressado ou esgotado. Embora os raios fiquem fortes quando estão perto, eles se tornam ainda mais fortes quando emanam de seu corpo. Então, quando for para a cama, peça que seus raios se espalhem a sua frente pela manhã, e você se sentirá muito melhor. Os raios lhe darão energia, mas lhe darão ainda mais quando os espalhar.

Se você se encontrar num ambiente onde há muito estresse ou negatividade, pode emanar seus raios por todo o aposento. Sempre que dou uma palestra em um salão, ou apareço no *Show de Montel*, peço a meus raios que cerquem a área inteira, junto com qualquer pessoa que esteja assistindo à TV. Peço a meus anjos que levem qualquer raio que os ajudarem a ter paz, conhecimento, saúde ou o que precisem.

Você pode aumentar o poder de seus raios empurrando-os para fora, depois os trazendo para dentro. É como um músculo: quanto mais você o exercita, mais ele aumenta em força e flexibilidade. Quando você faz isso com seus raios, eles se tornam mais brilhantes. Isso mostra a antiga verdade de que aquilo que você dá honestamente volta a você, exatamente como o amor.

Agora digamos que você chegue a um indivíduo que está mental ou fisicamente doente. É a oportunidade perfeita para chamar seu raio verde-esmeralda e dizer: "Aumente meu raio verde, mas deixe que todos eles se unam nesta pessoa". Você também pode deixar que os raios se unam em seus filhos, não importa a idade deles. Se estão arrumando problemas, use laranja, indicado para terminar as coisas negativas ou que precisam ser concluídas.

Os raios também podem fazer maravilhas no autismo e no mal de Alzheimer, porque ambos armam ciladas para a mente das pessoas. Ainda que as almas que vêm dessa forma sejam muito evoluídas, você nunca verá almas fracas virem em corpos que têm de lutar contra algum tipo de deficiência. São muito espiritualizadas e nos ajudam a evoluir.

Deus me deu a habilidade de guiar essas maravilhosas mentes, e eu, normalmente, posso sentir, ou mesmo ver, o que eles estão pensando. É quase como se eu pudesse penetrar pela porta trancada de sua mente e eles pudessem me seguir para fora, pelo caminho por onde entrei. É com certeza uma porta que eu posso abrir... E, se faço isso para um, por que não dizer que eles abrirão todas? Especialmente quando usados por viajantes místicos, os raios realmente podem ser as chaves que abrem muitas portas trancadas.

Para utilizar e fortalecer seus raios, tente fazer o seguinte responsório condicionado todos os dias: "Deus, ajude-me com meus raios, fluindo através deles. Por favor, também canalize toda a negatividade para fora deles, especialmente daqueles que vêm da Mãe Deus".

Uma versão mais curta para recitar toda manhã: "Deus, deixe os raios fluírem através de mim". Orar, pedir ou fazer afirmações realmente fortalece os sete raios de Deus – mas o que me surpreende é que nos esquecemos de que nossos Pais sabem o que queremos e necessitamos, mesmo antes de nós. Ainda assim a oração nos coloca mais perto Deles, e, como nossos pensamentos são coisas, podemos, absolutamente, invocar nossa Mãe para intervir e nos ajudar quando as coisas ficam muito difíceis.

A PROTEÇÃO DA MENTE

Como você sabe, a busca pelo conhecimento nunca acaba, nem mesmo do Outro Lado, então os sete raios de Deus permanecerão fortificados, contanto que você siga as oito chaves e se mantenha na busca. E, quanto mais espiritualizado você se torna, mais entra no que é chamado de "a proteção da mente".

Como o nome sugere, a proteção da mente pode ser como uma barreira que mantém os outros fora. Quando você chega a esse grau de espiritualidade, os portões se abrem, e você é capaz de acessar os Registros Akashic do Outro Lado, onde o conhecimento existe. Esse é o lugar onde você pode encontrar informação sobre suas vidas passadas, assim como dados de história, teologia e atos que a humanidade fez ou em que esteve envolvida. Cada elo leva a outro, que abre portas para mais conhecimento... Assim, você não pode evitar que sua habilidade psíquica se eleve. A proteção também permite que você ajude outras pessoas de uma forma que nunca fez antes, e lhe possibilita diferenciar facilmente a verdade da falsidade.

Os sete raios de Deus estão relacionados ao conceito de Carl Jung de "inconsciente coletivo", pois ele alega que é nesse local que tudo está conectado e pode ser acessado. Não importa como você o chama; *estamos* todos conectados. Os mantenedores do conhecimento, que são os viajantes místicos, sabem como penetrar no inconsciente total, ou, neste caso, na consciência de toda a humanidade. Isso permite que eles saibam a razão de seus caminhos e comportamentos – isto é, por que tiveram alegrias e dores – e entendem o quadro como um todo.

A melhor maneira de ensinar os métodos daquilo que você aprendeu é comunicá-los por meio da palavra e do exemplo. Você pode até usar exercícios, embora, se o fizer, deva criar os seus próprios – e até encorajar os outros a fazerem o mesmo; essa é uma maneira mais pessoal. Mas isso tudo deveria ser usado simplesmente com a ideia de que você agora está alcançando um nível superior para abrir a proteção da mente; feito isso, ela pode ajudá-lo com doenças e fobias de vidas passadas.

Cada ação realmente se conecta para fazer compreensível toda a vida, ilustrando como e por que as pessoas são do jeito que são. A proteção da mente também nos dá uma completa compreensão da razão de existir tanta injustiça no mundo, e também nos são mostrados vários caminhos. Isso, claro, nos dá o conhecimento do porquê de a vida parecer tão incorreta e de as coisas serem do jeito que são. Em vez de pensar que temos Criadores incorretos e injustos, podemos ver por nós mesmos por que as pessoas fazem as escolhas que fazem – isso não tem nada a ver com Eles serem vingativos ou escolhendo à sorte quem sofrerá sem razão. Mesmo nos dias de hoje, de espiritualidade iluminada, as pessoas ainda culpam Deus pela morte de uma pessoa amada ou de alguma desgraça que sofram. Apontar para Eles quando somos nós que escolhemos os caminhos para evoluir nossa alma é errado. Simplesmente não podemos aprender se nos expusermos apenas à felicidade.

Lembro-me da conversa que tive, recentemente, com uma mulher que disse pensar que esta vida seria perfeita, e estava muito aborrecida porque não era.

Respondi: "então você não deveria ter vindo para cá. Este é um lugar muito negativo, mas você está aqui para aprender".

Isso significa que tudo é terrível na vida? Claro que não. Todavia, nós todos passaremos por tristeza e por alegria, pois, na maior parte do tempo, aprendemos muito mais com as adversidades da vida.

Capítulo 10
Respostas e percepções de Francine

Meu espírito-guia Francine deu no mínimo 30 transes sobre o assunto viajantes místicos, talvez gastando mais tempo com ele do que com memória da célula, sonhos ou anjos. A razão para isso é o fato de que alguns de meus ministros passaram por minha trilogia *A jornada da alma* com um pente fino e começaram a perguntar sobre ela detalhadamente. Enquanto eu juntava informação das transcrições desses transes, a princípio ela parecia estar um pouco relutante a dar a informação, e, claro, isso fez com que todos quisessem mais.

Os transes de pesquisa eram feitos em Seattle e em San Jose, e meu guia informava a todos, naquele mesmo momento, que muitas pessoas (fora meus ministros) desejariam saber sobre os viajantes místicos há muitos anos, o que afinal mostrou que ela estava certa: faz mais ou menos uma década que ela apresentou essa informação, e parece que o mundo não estava preparado para ela. Entretanto, sinto que chegou a hora de partilhar muito disso com vocês.

As seguintes perguntas foram feitas a Francine enquanto estava em transe; em seguida estão suas respostas.

P: A VIDA É MAIS FÁCIL PARA VIAJANTES MÍSTICOS?

R: Não, mas as *alturas* são mais impressionantes. Entretanto, os baixos da vida podem ser também extremamente difíceis. O que acontece é que, através desses picos e vales, você sempre descobrirá que os viajantes místicos chegam a uma campina – eles alcançam uma boa parcela de paz de espírito nessa vida. Todas as fobias insignificantes e os problemas desnecessários com os quais eles lidam (solidão, pobreza e doença) parecem diminuir e esvanecer, porque, entregando suas vontades a nossa Mãe e nosso Pai, eles sabem com toda a certeza que Eles estão consigo. Então, quando aparece um problema, eles sobreviverão e sairão vencedores.

P: Quanto viajantes místicos existem?

R: Agora existem dois milhões, e o número aumenta todos os dias. Existem ainda milhões em outros planetas através do Universo.

P: O que eram os viajantes místicos antes de se tornarem tais entidades?

R: Alguns viajantes místicos sempre foram assim, pois assim foram criados por nossos Pais. A maioria, entretanto, veio de todos os caminhos da vida e de diferentes profissões, mas tinham algo em comum: todos queriam mais espiritualidade.

A maioria dos viajantes místicos é gnóstica por natureza, porque são os que procuram por sabedoria e verdade, não importando a religião que praticam na Terra. Podem ser empregados que fazem bons trabalhos; podem ser filósofos, professores, homens de negócios, artesãos, líderes, escritores e assim por diante. Em outras palavras, eles podem ser qualquer um e qualquer coisa.

Cada entidade individual pode escolher pegar o manto ou negá-lo sem julgamento; somente nossos Criadores sabem quem escolherá ser um viajante místico. Nenhum indivíduo que se abstenha da busca por mais espiritualidade teria necessidade, vontade ou desejo de transformar-se em uma alma evoluída... E, por favor, lembre-se de que muitas, muitas pessoas boas e santas escolhem não pegar o manto.

P: O VIAJANTE MÍSTICO É GENETICAMENTE PREDISPOSTO?

R: Não; é um caminho escolhido em qualquer época da vida... Se conhece a denominação "viajantes místicos" ou não, não importa; qualquer um pode sê-lo. Também não são apenas viajantes místicos que optam por encarnações mais difíceis para ajudá-los a completar suas missões – muitas outras almas claras escolhem caminhos desafiadores para rapidamente elevar sua evolução na espiritualidade.

Assim sendo, tenho certeza de que, se não está em sua mente no consciente, em algum lugar na superconsciência das entidades claras repousa a habilidade de pegar o manto, se eles desejarem.

O viajante místico pode escolher uma família de professores ou autores ou qualquer situação que lhe dê a possibilidade de ser mais bem preparado para a vida como alma evoluída. Sylvia, por exemplo, escolheu encarnar numa família de escritores, professores e paranormais de forma a viver em um ambiente que a ajudaria a completar suas tarefas. Ela também tomou uma "opção exemplo", como muitos viajantes místicos fazem, que é normalmente sua última existência num planeta em particular. Isso faz sentido, pois muitas almas guardam o pior para o fim, por causa da experiência adicional que têm e que foram coletadas ao longo da vida.

Ninguém deveria sentir ou pensar jamais ser de alguma maneira impedido de se tornar um viajante místico – *ninguém* é desprovido de valor. É tão simples se tornar um viajante místico... Você só precisa pedir.

[Sylvia: Mais tarde, neste livro, eu lhes ensinarei uma oração de afirmação que Francine partilhou comigo e que realmente sela o contrato de viajante místico.]

P: SE PEDIRMOS, GANHAREMOS MAIS ESPIRITUALIDADE?

R: Sim, porque você estará evoluído o suficiente para saber o que está procurando para atingir o próximo degrau espiritual.

VIAGEM MÍSTICA

Mas tenha em mente que você também deve ser dedicado e desejoso de trabalhar para a espiritualidade pelo aprendizado e realizando obras.

Você precisa se esforçar – e especialmente ter um desejo verdadeiro, com motivação pura – para se tornar mais espiritual. Pense nisto: você tomaria água da torneira ou filtrada? Ambas saciarão sua sede, mas a água tratada é mais satisfatória, e faz você se sentir melhor.

P: ALGUMAS PESSOAS SÃO ELEITAS PARA SEREM VIAJANTES MÍSTICOS?

R: Sim. Deus certamente fez alguns de nós naquilo que podemos chamar de "o começo" da criação, e essas entidades são criações especiais. Dito isso, todos têm o poder e a capacidade de evoluir na espiritualidade e de se tornar viajantes místicos. Algumas pessoas nunca escolherão fazê-lo, o que está perfeitamente bem – nem todo mundo quer ser o presidente da empresa. E, apesar de todo o bem que se origina do fato de ser um viajante místico, não é um passeio no parque. A vida pode ser dura, porque a vontade de Deus precede qualquer outra, e viver num ambiente humano onde o capitalismo e as tentações reinam absolutos pode testar muito bem a fortaleza individual e o compromisso.

P: POSSO APRENDER O SUFICIENTE PARA ME TORNAR UM VIAJANTE MÍSTICO?

R: Ser um viajante místico tem muito pouco a ver com os fatos que você reúne ao longo da vida. Quando você se torna um viajante místico, o subproduto principal será um *conhecimento inspirado* de Deus, o que é suficiente para você completar sua missão. Está mais relacionado à gloriosa validação de sua alma, como às vezes uma pessoa instruída pode exagerar na análise e esquecer que as verdades simples, com frequência, saltam aos olhos, e não estão escondidas em algum lugar lá fora.

Considere o fato de que Jesus era um carpinteiro profissional e que ainda assim trouxe uma mensagem de amor e perdão ao mundo, dizendo que esta era tão simples que até uma criança podia entender. O próprio ato de entregar sua vontade se torna uma fonte do ato de Deus de infiltrar o conhecimento. Quando você embarca numa eternidade de aventura gloriosa e descoberta, aprende muito no processo.

P: Alguém pode declarar falsamente ser um viajante místico?

R: Não, pois se trata de um verdadeiro compromisso. Mas, para o propósito do argumento, vamos supor que alguém tente pegar o manto por causa de um capricho. Mesmo se disser que não o quer em seu coração e em sua alma, o manto não cairá. Isso se assemelha ao viciado que procura por uma dose, ou à que toma um remédio para emagrecer e ainda assim come tudo o que está à vista. É como dizer que você é cristão, mas não vive pelos ensinamentos de Cristo.

Você deve lembrar de que nossos Criadores sabem tudo: nossas ações, nosso coração e nossas intenções. Os juramentos dos viajantes místicos são escritos em sua alma – não por palavras, mas pela própria dedicação de sua alma para se desenvolver mais alto para Eles. É uma bênção concedida por Deus deixar o manto cair.

P: Um viajante místico pode ser julgado como falso profeta?

R: Ser um viajante místico tem pouca relação com profecias. O único profeta que você tem é você mesmo: sua crença e seu pacto com a Mãe e o Pai Deus são tudo o que importa. Certamente você pode encontrar outros viajantes místicos que estão num alto nível de conhecimento, com habilidade paranormal evoluída, mas lembre-se de que nossos Pais apenas ajudam a abrir portas espirituais. Em outras palavras, o "abridor de portas principal" em sua esfera é você.

Viagem mística

P: O chamado de um viajante místico pode ser ignorado?

R: Sim, mas aqueles que o fazem serão terrivelmente perturbados, sentindo que perderam o chamado barco espiritual, embora normalmente, em algum momento de sua vida prestarão atenção ao chamado, sabendo ou não o nome dele. Afinal, muitas pessoas são viajantes místicos, mas não sabem o rótulo apropriado. Isso realmente não importa – embora seja melhor usar a terminologia adequada, porque ela dá à alma consolo para achar o que estava faltando. É o que acontece quando você está doente, sabe o que tem e como se tratar: você se sente mais tranquilo do que estaria se não soubesse o que está acontecendo.

P: O manto pode ser abandonado a qualquer momento?

R: Poderia ser, mas isso é um ponto controvertido, e você não iria querer. Além disso, você rezou esperançosamente e se concentrou em se tornar um viajante místico por tempo suficiente para saber que esse é seu destino. Afinal, não estaria procurando uma espiritualidade mais elevada se não estivesse em seu caminho ter a opção de tomá-lo.

Na vontade de um viajante místico repousa a sinergia para trabalhar na direção de um fim específico, o que é simplesmente fazer uma diferença *positiva* no mundo. Ele verdadeiramente vive segundo o lema "o que não me mata me fortalece". Mas, para ser mais claro, se uma pessoa abandona o manto, é porque nunca o teve realmente.

P: O manto pode ser dado a qualquer outra pessoa?

R: Não, pois ele é seu e de mais ninguém. Por favor, assuma a responsabilidade aqui: não ouça nada nem ninguém além de sua alma. Se o que estou dizendo não parece certo para você, por exemplo, então não é. Podem ser dadas a você as chaves e os raios, mas é você que deve aceitar o manto ou "virar a esquina" – ninguém mais pode fazê-lo por você. Também, se e quando você fizer o comprometimento, ele se tornará sua essência.

P: As entidades evoluídas podem sair do caminho ou pegar um caminho errado?

R: Elas não saem do caminho, mas podem andar à margem da estrada de vez em quando. Ainda assim, os viajantes místicos parecem se reenergizar mais rápido, e voltam ao caminho mais rápido que a maioria. Eles podem se manter no curso da vontade de Deus.

Se são pegos em algum tipo de sociedade estranha ou grupo, então podem ser enganados por um tempo. Mas, com a proteção de Deus e os sentidos sempre abertos, eles se apoiarão e se reajustarão. Não cairão nas falsidades que alguns grupos colocam, tais como que os demônios o possuirão ou que deverão entregar todo o seu dinheiro para serem salvos. Então, embora os viajantes místicos possam se desviar por um tempo, finalmente perceberão que esse certo grupo ou organização oculta é insanidade e eles abandonarão, de forma a seguir novamente o caminho certo.

P: Os viajantes místicos podem, eventualmente, se decepcionar?

R: Sim, porque ainda têm o que aprender. Aceitar o manto não apaga os caminhos da vida que foram construídos pelos viajantes místicos para aprender com eles; é na verdade mais como um revestimento de caminhos.

De algum modo parece paradoxal dizer que as almas evoluídas precisam erguer mais barreiras contra as entidades escuras, mas também derrubar obstáculos para ajudar a todos que possam. Quando derrubam essas barreiras, muitas vezes se tornam enganados, e a escuridão entra com toda a sua sedução. A boa notícia é que os viajante místicos são mais rápidos para discernir a energia escura e têm mesmo mais poder para sair da situação e consertá-la. Eles estão, definitivamente, impregnados com maior habilidade para ser paranormais, estar atentos, curar e criar a paz.

P: Os viajantes místicos estão mais propensos a ataques psíquicos e a captar a negatividade de outros?

R: Bem, eles certamente são mais atacados pelos céticos. Ninguém se incomoda com os céticos de mente aberta, mas aqueles que são ateus ou agnósticos, assim como os mal-intencionados, atacarão com veneno, porque querem governar um mundo sem deus. Entretanto, enquanto os viajantes místicos puderem receber ataques de negatividade e psíquicos, não é mais do que qualquer um encara. Como você sabe, existe uma hierarquia das entidades escuras que quer levar para baixo Deus e a espiritualidade, e, quanto mais o mundo se torna claro, mais eles se tornam escuros. Eles podem estar em altos postos, ou mesmo em sua família, mas você deve ser corajoso e perseverar. Os viajantes místicos apenas se mantêm caminhando contra toda a adversidade – eles sofrem com fatos desagradáveis e se mantêm no caminho por saberem que no fim todos encontrarão sua estrada para Deus, e que as almas escuras serão reabsorvidas em seu sempre amoroso Deus.

P: Os viajantes místicos têm dúvidas?

R: Claro, já que é humano ter dúvidas. Acredito que em qualquer compromisso, especialmente um que nos enlaça como esse, seria egocêntrico *não* ter alguma preocupação. Mesmo quando começa um novo trabalho ou vai para um país estrangeiro, você tem dúvidas, então, por que algo tão importante quanto essa tarefa não o faria se sentir da mesma maneira? Mas aprender e sentir a espiritualidade que começa levará embora rapidamente aquelas dúvidas.

Você nunca encontrará viajantes místicos que sentem que chegaram ao fim do aprendizado. Todas as almas evoluídas estão constantemente se tornando mais desenvolvidas, mas nunca terão aprendido *tudo*, pois não são Deus. Ainda assim, podem trabalhar continuamente para trazer o amor de Deus a toda a humanidade.

P: OS VIAJANTES MÍSTICOS ABANDONAM
SUAS RESPONSABILIDADES?

R: Não. Quaisquer viajantes místicos que pensem que abandonaram seus mantos ou o negaram sempre voltarão para o caminho certo. Haverá uma incrível nostalgia em sua alma – pior do que qualquer sentimento de dor devido à morte ou perda de um ente amado.

Os viajantes místicos podem viver a vida de forma singular, mas sempre gravitarão em direção a outras almas evoluídas. Se você tomar um grupo de viajantes místicos juntos, não há quase nada que não possam fazer. Embora eles não possam mudar os caminhos da vida, podem minimizá-los. Como são parte do exército de Azna, podem criar milagres e interferir, tanto quanto Ela pode.

P: OS VIAJANTES MÍSTICOS DESCANSAM ENTRE MISSÕES
NO OUTRO LADO OU TRABALHAM O TEMPO TODO?

R: Os viajantes místicos descansam, porque têm muito conhecimento espiritual para transmitir (mas nunca de forma impositiva ou de conversão). No processo de fazer isso para a Terra e para outros planetas, alcançam mais espiritualidade para si mesmos, mesmo quando glorificam Jesus e nossos Criadores.

Não importa quão ruim você considere este planeta. Como Sylvia diz, há definitivamente um movimento, e mais e mais pessoas estão vindo para a luz com a percepção de serem mestres de sua alma, como Cristo ensinou.

Entidades mais evoluídas nem mesmo voltarão para esse mundo; irão para outros.

Viagem Mística

A percepção de seu espírito guia

Em 1991, Francine apresentou uma extensa sessão de transe sobre o viajante místico. Se um pouco disso parece repetitivo, você também verá que ela está tentando comunicar o sentido completo do que transmite àqueles que querem se tornar almas evoluídas. Há muita informação aqui, mas, como meu guia diz, jamais haverá o suficiente, porque escolher aceitar o manto é provavelmente a decisão mais importante que você tomará na vida.

Como restam apenas 90 a 100 anos para a vida humana deste planeta, Francine diz que a demanda por viajantes místicos é especialmente crítica agora, porque precisamos de mais guerreiros do que nunca para lutar contra a escuridão. O mal, nessa batalha, é insidioso – não somente ataca com armas ou bombas de canhão, mas com fanatismo, preconceito, mesquinhez e intolerância. As almas evoluídas se defendem contra tudo isso, num esforço de mostrar, como Jesus o fez, que o reino de Deus não é deste mundo.

Na luta contra o mal, os viajantes místicos não podem ajudar, mas atrair para eles aqueles que são verdadeiramente direitos e que procuram esclarecimento espiritual por causa de seus ensinamentos e ações. (Meu outro espírito-guia, Raheim, diz que algumas pessoas não apenas perceberão que há uma luz diferente em volta dessas almas evoluídas, mas farão até mesmo um comentário sobre isso.) Alguns viajantes místicos podem se tornar líderes, mas isso não é verdadeiramente o que desejam; em vez disso, seu objetivo principal é extrair a verdade para as massas. Um verdadeiro viajante místico sempre tentará trazer esclarecimento e verdade sobre Deus e o Outro Lado para todos, introduzindo o fato de que a vida na Terra é transitória e não a verdadeira realidade de nossa existência.

Voltando ao transe com Francine, aqui está:

> No começo do tempo como viajante místico você pode ter dores estranhas. Não significa que você pode atribuir cada dor

aguda que experimenta ao fato de estar se tornando um viajante místico e deixar de procurar um médico, mas também pode ter ajustes feitos em seu corpo e mente a partir do Outro Lado. Guias ou espíritos-médicos podem tirar ou ajustar coisas que precisem ser cuidadas – a cirurgia sem sangue é um exemplo, mas você precisa dar permissão, pois ninguém aqui a meu lado pode invadir seu corpo, sua alma ou sua mente sem seu consentimento específico. Os processos mentais, por outro lado, serão claros como cristal, e as coisas que costumavam aborrecer você se dissiparão.

Primeiro, até que entre no hábito ou rotina, você terá de monitorar suas palavras. O julgamento dos outros não é permitido – embora você possa condenar aqueles que realmente julgam, assim como suas injustiças ou atos cruéis. É melhor ficar quieto se você for dizer algo que machuque (ou o que você chama "traiçoeiro") para fazê-lo se sentir mais importante. Parece que este mundo viceja com a imprensa negativa e não apenas sobre celebridades. As pessoas julgam todo mundo sem razão... além de suas próprias, frequentemente errôneas, opiniões.

Os viajantes místicos podem emitir qualquer dos raios de luz; se não escolhem um, emitem o azul royal. Também têm seu "terceiro olho" aberto, o que pode causar dores de cabeça por um tempo – não é uma enxaqueca, mas uma espécie de pressão na testa ou uma tira apertada em torno do crânio.

Você pode até mesmo sentir seu terceiro olho pulsar, o que significa que uma informação está entrando – diferentemente de Sylvia, você pode até mesmo se ajudar. Ela nunca foi capaz... O que ela recebe parece ir direto através dela, sem parar para lhe dar a informação sobre si mesma. Não quero dizer que ela está completamente cega quando se trata dela mesma, mas usou suas habilidades de maneira egoísta. Claro que ela não é mais sagrada ou evoluída do que os outros; acho que sua habilidade paranormal é meramente um tubo que sempre manda para fora.

Não se importe se o que vem primeiro através de seu terceiro olho é negativo, porque, como sabemos, este é um planeta negativo. Mas se, diferentemente de antes, você capta pensamentos negativos em vez de somente ignorá-los, comece a perguntar de onde estão vindo e o que você pode fazer para anulá-los ou trabalhar para resolvê-los. Não importa que problema específico seja: se invocar a Mãe Deus, pode se surpreender, pois lhe será dada uma escapatória ou solução, mesmo se isso significar que precise atravessá-lo para chegar ao Outro lado e fazê-lo melhor.

Os viajantes místicos têm o poder de criar as próprias conversões harmônicas e, quando muitos deles se reúnem, podem praticamente mover montanhas e negatividade, tanto no nível pessoal como em escala mundial. Estando juntos, milagres são comuns, e hordas de anjos estão a sua disposição. Os viajantes místicos têm uma legião de anjos em volta de si, de serafins e querubins a arcanjos, potestades, tronos e municipalidades (que são os exércitos de nossa Mãe e Pai, respectivamente). Eles também têm poderosos guias, assim como entes amados falecidos que ajudam quando necessário.

Os viajantes místicos têm a habilidade de olhar direto nos registros Akashicos, que são os registros completos de tudo o que houve na criação, e que estão em constante mudança e progresso. A princípio, o que veem pode ser aleatório, mas com o tempo as almas evoluídas aprendem a controlá-lo e a ser mais específicos para uma pessoa em particular, local ou coisa. Eles também podem ir e vir para o Outro Lado livremente, sem perda de energia, visitando todas as salas e templos de nosso Lar, que são feitos em lindo mármore, maravilhosos de observar.

(Para maiores informações, veja *Templos no Outro Lado*).

Os viajantes místicos vão ao conselho e à sala da sabedoria para adquirir conhecimento ou ordens, ou para descobrir como chegar a melhores conclusões para situações difíceis. Quando entram no templo dos viajantes místicos e das entidades com missão de vida, seu *status* evoluído faz um raio de luz descer sobre eles, seguido por um cristal resplandecente. Então, têm permissão para pedir orientação sobre determinado problema que possam ter, e uma voz lhes fala do cristal. Frequentemente eles terão uma visão de Jesus, Azna ou Pai Deus... A maior parte das vezes a reciprocidade é com Azna.

Eventualmente, os viajantes místicos obterão informações sobre todas as suas vidas passadas e se lembrarão de conversar com Deus, especialmente nossa Mãe. Sua aparência no Outro Lado será a de uma pessoa de 30 anos, como a maioria das entidades, então não assumem o rosto de uma pessoa mais velha e mais sábia, como alguns membros do conselho.

Quando essas almas evoluídas morrem, imediatamente voltam ao Lar. (Nenhuma entidade jamais sofre, não importa o que vejam; elas já terão ido antes mesmo que você possa pensar que estão sofrendo.) Se eles vão a outros planetas, também parecem ter 30 anos; ficam ali pelo tempo que precisarem, então saem, Isso pode fazer alguns de vocês sentirem que os viajantes místicos são alienígenas que vieram de outro mundo num Ovni, mas as entidades de outros planetas são realmente muito evoluídas. Elas parecem reconhecer os avatares que vieram para ensinar, e os ajudam. De fato, não há necessidade de encarnar e crescer para uma vida adulta em outros mundos – os viajantes místicos podem aparecer e ser reconhecidos, e, quando seus trabalhos estão completos, podem simplesmente partir.

Quando se tornar um viajante místico mais evoluído, você descobrirá que as coisas boas sobre si estão ampliadas, e qualquer traço indesejável parecerá enfraquecer. Isso se torna especialmente aparente quando você volta para o Outro Lado depois de viver sua vida final na Terra, pois é aí que você verdadeiramente se torna um viajante místico e passa por uma linda cerimônia, que sela o manto que tomou. Lembre-se de que pode retroceder antes da cerimônia final sem culpa, e ainda assim usar as ferramentas que lhe foram dadas... embora elas não carreguem o verdadeiro poder que teriam de outro modo.

Essa cerimônia exige repetir o juramento de ser um viajante místico, feito na presença de Azna, a Mãe Deus. Aqui você não apenas receberá um manto mental de ligação da alma, mas também lhe será concedido um físico, um traje, uma espécie de capa. Esse manto físico é tecido em prateado, dourado e roxo, é muito forte e feito de algum tipo de material aderente. Parece muito com uma teia de aranha, mas nada pode passar por ele.

A vestimenta tem uma capa que pode cobri-lo inteiramente. O manto é todo drapeado e até mesmo suas mãos ficarão cobertas por ele. Ele possui enormes de ouro, o que o faz brilhar. É essa a vestimenta que você usará quando visitar outros planetas, mas não é tão comum vesti-la no Outro Lado.

Sylvia: Espero que você tenha achado úteis essas informações de Francine, especialmente se estiver em processo de tornar-se um viajante místico.

Capítulo 11
Rituais especiais e o processo de preparação

Todos aceitarão o manto do viajante místico de uma forma ou de outra. Até mesmo se você for contra a vontade de Deus, é opção sua ir tão longe quanto queira, e ninguém lhe julgará, principalmente nossos Criadores. Talvez você ache que não é merecedor disso ou tenha medo de se rebelar contra sua vocação para viajante místico – mas, se for para valer, não haverá problema, pois ao longo deste processo você se tornará mais ligado a sua espiritualidade.

Nunca é demais repetir: não importa o que você faça, a vontade de Deus e sua própria vontade são uma coisa só, e sempre será assim. Você só está reconhecendo isso agora. Também não se esqueça de que deixou essa opção em aberto do Outro Lado, e que, então, tornar-se um viajante místico não é algo que seja forçado a fazer sem o desejar. Se você o fizer por meio da cerimônia de indução (descrita no próximo capítulo) e ainda sentir que vai se rebelar, ou mesmo se sentir que não quer a cerimônia de jeito nenhum, nada de ruim acontecerá com você. Receberá elementos extras e proteção, não importa o que aconteça.

Se está certo de que deve se tornar um viajante místico, precisa começar a se preparar, e é disso que trataremos a seguir.

Rituais especiais para o viajante místico

Antes de começarmos a falar sobre o processo de tornar-se uma alma mais evoluída, quero mencionar a importância dos rituais. Quando eu estava escrevendo *Sociedades secretas... e como elas afetam nossas vidas hoje*, não concordava com alguns ritos estranhos e bizarros que pesquisei, mas, se eles são interessantes para outras pessoas, e se não servem ao mal, defendo o direito alheio de segui-los, se assim desejarem. Só me manifesto contrariamente quando as pessoas começam a se envolver de forma errada com os rituais, ou a se machucar durante eles.

Os rituais do viajante místico não são preocupantes de forma alguma. E, já que não devem ser seguidos religiosamente, com certeza o ajudarão:

Primeiro: como já mencionei quão poderosa pode ser uma oração ou uma afirmação feita com fé, eu gostaria de destacar como é importante que você se cerque com luzes ao fazer isso. A cor verde é para a saúde, o dourado, para a busca de maior sabedoria, a branca, a cor do Espírito Santo, e deve ser segurada perto do corpo. As luzes também são importantes para que as oito chaves douradas tornem-se mais fortes, e para que você continue a trazer proteção para sua alma.

Depois, eu gostaria de falar sobre a importância dos números. Todos respondemos a números diferentes, e o número do viajante místico é o 9 (é interessante observar que esse também é o número de Azna). Você pode adicionar letras em seu nome – o meu, por exemplo, é Sylvia (6) Browne (6), e, somado, dá 12, que, quando reduzido, dá 3 (1+2). O 3 é o número da trindade, que homenageia nossa Mãe, nosso Pai e Jesus Cristo. O número 6 é considerado dupla trindade, enquanto o 9 é a tripla trindade; por isso ele é tão importante para as almas evoluídas (mas não se preocupe se seu número pessoal não é 3, 6 ou 9 – nenhum número é melhor ou pior que o outro, e você deve sentir-se bem consigo mesmo).

Os viajantes místicos tendem a preferir pedir proteção e saúde, para si mesmos e para os outros, às 9 horas da manhã ou da noite. Se você já foi a qualquer uma de minhas palestras, deve ter notado que é muito comum eu as iniciar às 9 horas. Quando ministro palestras à tarde, começo a meditação às 3 horas, já que 3 e 9 são números da trindade. Ainda que a Igreja Católica tenha suas "novenas", acho engraçado que ninguém saiba responder por que o número nove é tão importante ou porque a hora dos anjos é às 6 horas – que é quando todos param por alguns instantes para dizer uma pequena prece, enquanto os sinos das igrejas repicam.

Por fim, será maravilhoso e enriquecedor você conseguir que outros viajantes místicos aceitem o manto junto com você. Milagres acontecerão (sim, eu disse "milagres" – lembre-se de que a Mãe Deus é uma fazedora de milagres). Essa prática gera uma enorme busca de luz, o que atrai pessoas a você, e é por isso que minha igreja recebe centenas de *e-mails* e cartas sobre curas, assim como sobre solução de problemas concernentes a dinheiro, casamento e crianças. Temos tantos viajantes místicos, sempre em oração, juntos todas as noites, às 9 horas, que os milagres não param de acontecer.

Mesmo que você não esteja ligado a um grupo, faça uso desses instrumentos. Acenda uma vela branca, às 9 horas, e faça sua oração. Se estou fora de casa às 9 da manhã ou da noite, faço isso mentalmente. Então, se você não pode estar em lugar apropriado para realizar esse ritual, ainda assim, faça-o em sua mente.

Francine diz que, sendo um emissário direto de Deus, você verá como sua vida vai melhorar se seguir esses rituais. Eles não são feitos para interferir em suas lições de vida, e sim para ajudá-lo a superar as adversidades mais facilmente. Quando a alma está em sintonia com Deus, tudo fica mais suave, incluindo o sofrimento, a dor e o arrependimento.

O processo de preparação de quatro semanas

É chegado o tempo de você se preparar para se tornar um viajante místico. Por favor, perceba que é vital meditar durante todo o processo, mas que a meditação não deve nunca tomar o lugar de um médico num momento de problemas físicos. As meditações que ensinarei a você me foram dadas por Francine quando eu passava pelo mesmo processo pelo qual você vai passar agora.

Preparar-se para se tornar um viajante místico leva cerca de quatro semanas, e é feito da seguinte maneira:

1 – A SEMANA PASSIVA

Durante esta semana, o guerreiro que há em você começa a ficar em evidência. Talvez se sinta tenso e queira ficar só, e velhas dores e rejeições venham assombrá-lo. Você estará de pavio curto, e até mesmo as menores coisas o farão explodir: uma frase simples pode levá-lo a reações desproporcionais. Você vai questionar a vida e tudo o que fez, e, ainda, tudo o que *deveria* ter feito. É quase como se não se sentisse bem dentro da própria pele, ou, como dizem, "fora de si".

As dúvidas continuarão a martelar, até o ponto em que você desejará desistir, talvez pensando: *Que bobagem; quem é que precisa disso tudo? A vida já não é dura o suficiente sem que eu arrume mais confusão? Vou para o Outro Lado de qualquer forma e, depois de todas essas vidas, estou mesmo muito cansado.* Você verá que pensará em muitas coisas parecidas com essa, e pode até mesmo cair na síndrome do "coitadinho de mim" e do *"ninguém me dá o devido valor – será que Deus me ama?"* E depois você ficará louco consigo mesmo por ter duvidado.

Como você pode ver, essa primeira semana é dureza... Então, por que, em nome de Deus, ela é chamada de "passiva"? Porque, apesar de exteriorizar seu guerreiro, você *tem* de permanecer passivo – mesmo sendo difícil, não pode reagir nem ficar deprimido. Sua alma sabe que estará se preparando para embarcar numa grande luta, e que seu corpo não quer essa mudança. Então, você pode dizer que "seu eu físico" está boicotando "seu eu espiritual".

Quando passei por essa semana do processo, me senti em trabalho de parto. Sim, eu queria o bebê – mas, que diabos, certamente não queria todas aquelas horas e horas de dor sem fim. A única coisa que posso lhe dizer é que ajuda se você arrumar uma distração ou, então, fingir que tem uma. Também aproveite para descansar muito nesse período, e fique o máximo que puder afastado das pessoas. Não fiz palestras durante esse período, o que deixou todos chocados, porque mesmo doente eu não deixo de falar em público. Devo ter parecido quieta e passiva para aqueles que estavam a minha volta, mas por dentro eu tinha uma tempestade tropical acontecendo, e tinha medo de descontar em alguém. Ainda hoje, passados mais de vinte anos, eu me lembro dessa fase como se tivesse sido ontem... Nunca duvidei de Deus, mas duvidei de mim mesma.

Você terá tempo mais que suficiente para se relacionar com as pessoas depois; fique recluso nessa primeira semana, faça longas caminhadas. Não consuma nenhum tipo de açúcar, coma pouco e beba muita água – pelo menos oito copos por dia, para limpar o corpo por dentro. Tente descansar, até mesmo da família e do trabalho. Sei que não é fácil, mas é muito importante que você faça isso durante esses sete dias.

A meditação da primeira semana é o que chamamos de "a meditação do obelisco"

> *Sente-se ou deite-se de barriga para baixo. Relaxe todas as partes do corpo, começando pelos pés. Imagine que os raios de cor entram pelo pé e atingem calcanhares, tornozelos, coxas e nádegas; e que depois eles continuam até o tronco. Respire fundo e devagar – a maior parte de nós respira sem nenhuma profundidade, então pouse as mãos sobre o diafragma para ter certeza de que respira profundamente.*
>
> *Imagine agora que os raios atingem as costas e todos os órgãos do corpo... Imagine que atingem o pescoço, os ombros, a parte*

de cima dos braços, a parte de baixo deles, os pulsos e os dedos. Volte a atenção para o pescoço e o rosto, em torno da boca, nariz, olhos e ouvidos, e para o topo da cabeça. Peça que todos os seus chacras estejam abertos e protegidos pelos raios. Depois vá para trás dos olhos, no cérebro, na alma, e que os raios atinjam seu intelecto e suas emoções.

Enquanto permanece deitado ou sentado, calmamente e em silêncio, você começa a ver uma pequena elevação gramada. No meio da elevação, há uma belíssima fonte de mármore, circundada por um grande rio, onde pode se sentar. É isso o que você faz, sentindo-se relaxado nessa solidão pacificadora e ouvindo o som da água que pinga.

No meio da fonte há um belíssimo obelisco, feito de mármore cor-de-rosa perolado. Esse obelisco simboliza o dedo de Deus apontando para cima. E também é o símbolo da sua ascensão a um nível mais alto e de seu comprometimento com Deus. Enquanto você olha para o obelisco, tem uma visão da Mãe Deus em grande alegria, carregando Sua espada, e se sente tocado no coração e na alma; toda a amargura e a angústia que sentiu nas últimas semanas são levadas para longe de você.

Enquanto a visão de Azna desaparece, comece a acordar devagar e a recobrar a completa consciência, e volte dessa meditação refrescado e relaxado.

2 – A SEMANA DA DOÇURA

A segunda semana do processo pode levá-lo a uma falsa sensação de segurança. Eu mesma senti isso no começo, mas, quanto mais pensava sobre isso, mais me dava conta de que estava me sendo dada uma pausa para o que viria a seguir.

É aqui que você vai se esquecer de toda a dureza da última semana. Novamente, como uma mãe recém-parida, a dor e as dúvidas, assim como a amargura, terão deixado você. Seu espírito está elevado, e você sente que deu um passo gigante para a frente.

Não tem noção do que o aguarda nas próximas três semanas, mas sabe que nada tão importante viria sem dificuldade.

Se algo vem fácil demais, eu sempre desconfio. O velho ditado "é bom demais para ser verdade" geralmente prova estar correto, pois muito pouco na vida vem sem trabalho e suor. Até mesmo pessoas que ganham na loteria costumam, com muita frequência, falir e perder tudo, acabando em situação pior do que antes.

Muitos avatares, ou homens e mulheres sagrados, passam por torturas terríveis para serem purificados; por exemplo, vagar pelos desertos, jejuar por longos períodos ou flagelar-se. A preparação para se tornar um viajante místico não é nada parecida com isso; você será realmente testado em sua mente e sua alma. Sim, pode até ser difícil, mas nada que não possa suportar. Você estará sempre de olho no anel dourado e nas vantagens que alcançará.

Na verdade, durante essa semana, você se sentirá como que apaixonado. Costumo chamá-la de "semana das endorfinas galopantes"; é como se nada pudesse aborrecê-lo. As pessoas podem ser sarcásticas ou más com você, e mesmo assim você agirá como se nada estivesse acontecendo. Está mais alto do que jamais esteve; nada e ninguém pode alcançá-lo para lhe fazer mal. Não importa o que aconteça, estará num nível tão alto de otimismo que terá certeza absoluta de que todo o porvir lhe será favorável e de que o final será feliz. Pode parecer absurdo, mas aposto que você pode até mesmo estar em um navio afundando ou assistir à sua casa pegar fogo e, mesmo assim, dará de ombros e dirá: "bem, são apenas coisas. Podem ser substituídas".

Provavelmente, essa será a vez em que, vivendo na Terra, você mais se aproximará do que é a sensação de viver do Outro Lado. Comparei minha sensação durante essa semana ao estado em que fiquei quando vivi meu primeiro amor. Era como se o mundo fosse feito de alegria e música. Eu me emocionava só de vê-lo... E me emocionava também quando não o via, porque pensava nele. Eu mal podia comer ou dormir, mas não me importava, porque estava amando. Peguei aquela horrível gripe asiática e tossia tão forte que quebrei três costelas, mas nem me abalei com tudo isso, graças a minha acachapante sensação de felicidade.

A segunda semana é exatamente assim – cheia de doçura, de luz, de amor e de otimismo absoluto. Nunca usei drogas, mas imagino que nenhuma delas seja capaz de criar uma sensação que chegue perto dessa, que o faz ter certeza de que pode conquistar o mundo. Claro que isso não dura, pelo menos não neste plano, mas eu sempre penso que, se o Outro Lado tiver metade das delícias que senti nessa segunda semana, então *paraíso* é o nome certo para descrevê-lo.

    Mais uma vez, sente-se confortavelmente ou deite-se de barriga para baixo. Só que agora concentre-se em um dos raios de cor que definam seu humor. Não importa se é o laranja, o lavanda, o dourado ou o verde; novamente, faça com que percorra seu corpo onde quer que a rabugice e o amargor da primeira semana sejam levados de você para sempre; afinal, você deseja manter, pelo máximo de tempo possível, todos os sentimentos deliciosos que teve durante a segunda semana. Sendo assim, peça que toda a euforia sentida permaneça em você.

    Você está num campo agora, cercado de árvores altas e de lindas montanhas. Você ouve o canto dos pássaros e nota que o cheiro das flores é o mais doce que já sentiu, mas ele não é enjoativo. Você olha em volta e vê serafins e querubins, depois ouve o canto mais celestial que jamais ouviu. Não consegue entender as palavras, mas a melodia é divina. Você deseja que nunca termine. O tempo está congelado de tal forma que você não consegue descrever o momento. Até mesmo as cores da grama, do céu, dos pássaros e do sol parecem resplandecer vida. Não há cor em lugar algum do mundo que viva e vibre como essas.

    Você fica ali, contemplando serenamente sua vida. Todas as coisas que o preocupavam tanto parecem não fazer mais parte de você... É como se estivesse na vida de outra pessoa, ou num sonho sem sentido e já há muito esquecido. Você pode deixar-se ficar ali por um tempo, mas a realidade se impõe. Por isso, gradualmente, você volta, porém mantendo viva a memória dos sons de amor e de serenidade que experimentou.

3 – A semana da confusão

A terceira semana realmente é confusa. Enquanto a última semana foi deliciosa, esta desconstrói, em todos os sentidos da palavra, o seu mundo. Você não está bravo, mas parece que a vida se tornou um enorme quebra-cabeças, e você não sabe mais onde diabos as peças foram parar. E, mesmo que consiga saber onde estão, não sabe como juntá-las.

Você quase pode jurar que ficou senil; as coisas que costumavam fazer sentido não fazem mais. Diferentemente da primeira semana, quando se sentia quase como um robô, porque não queria impor seu humor a ninguém, agora parece que está nadando na lama. Você ainda consegue passar pelos dias de forma regular, mas está com tão pouca energia que mesmo a menor das tarefas parece incomensurável: lembro-me de que apenas a ideia de levantar da cama, vestir uma roupa e pentear o cabelo parecia tão impossível quanto escalar o monte Everest. Se você não consegue encontrar as chaves do carro, chora. Mesmo um telefonema de uma loja faz você desabar, pelo fato de sua energia estar muito baixa e pelo sentimento de inutilidade – ou seja, você se pergunta para que diabos tudo isso serve; quer realmente desistir.

Graças a Deus, isso só dura uma semana, e em breve você parará de perguntar para o que é que você serve, o que é que está fazendo e para onde está indo. Ainda que considere, do fundo do coração, a possibilidade de juntar-se ao circo, não precisa ir ao médico para se curar. Está apenas vivenciando algum tipo de desconforto (e, sejamos francos, desculpe a expressão, não dando a mínima para tudo isso), o que não podia estar mais distante do que sentiu na segunda semana. Se durante a segunda semana você desejava que a experiência nunca acabasse, a terceira sugará suas energias até um ponto que o fará pensar que nunca mais será feliz de novo.

Durante esses dias, você será capaz de racionalizar para se convencer de que tudo isso é apenas uma parte de seu treinamento. Porém, as velhas emoções sobrepujarão seus pensamentos e levarão você a dizer: "bem, e daí? Estou me sentindo supermal e quero, simplesmente, parar".

Felizmente, as coisas ruins não duram para sempre nesta vida... Mas, infelizmente, também não duram para sempre as coisas boas. Sua alma simplesmente não pode mais suportar nenhuma dessas emoções ou sentimentos por mais de sete dias. Durante essa semana, prefira consumir proteínas magras, como frango, peixe, peru e ovos, que você pode pôr em saladas. Beba muito suco de frutas e água e coma vegetais crus. Mantenha-se afastado de qualquer coisa gordurosa, cheia de óleo ou muito pesada, porque está tentando fortalecer seu sistema imunológico e também se purificar. Conforme a terceira semana vai chegando ao final, sua energia começa a aumentar. É a mesma sensação de sair de um resfriado ou uma gripe; nos dias que se seguem você fica maravilhado por sentir-se você mesmo novamente. Acredite: quando a terceira semana acabar, se sentirá ainda melhor.

Esteja preparado: ninguém em sua vida entenderá pelo que está passando – podem pensar que você está fazendo onda, que há algo errado com sua cabeça ou que simplesmente não se sente bem. Então, ajudará muito se puder manter contato com alguém que também esteja passando pelo treinamento. Por exemplo: quando passei por esse processo, muitos anos atrás, fazia parte de um grupo, e podia me comunicar com os outros membros, dividir experiências, e isso fazia com que nos sentíssemos melhor, pois sabíamos que outros passavam pela mesma coisa.

Muitas pessoas passaram por esse processo mas não entenderam seu real significado – nem sempre entendem que estão sendo preparadas para serem viajantes místicos e entregando seus destinos e desejos nas mãos de Deus. Diferentemente das freiras e dos padres, que têm a certeza de estarem entregando a vida a Jesus (e, no caso das freiras, casando-se com ele), as pessoas que passam pelo treinamento do viajante místico não precisam fazer votos de caridade, castidade e obediência.

Você não precisa viver uma vida de austeridade, mas tenha certeza de que sua alma está sempre pronta para dar. Sim, você pode doar seu dinheiro, mas e quanto a seu tempo, energia, amor e esperança? Como já foi dito por alguém, a esperança é um pássaro que mora em nossa alma e que nunca pára de cantar (por favor, perceba que não há uma meditação especial para esta semana, mas sinta-se à vontade para escolher alguma meditação da sua preferência e realizá-la quando sentir vontade).

4 – A semana da luta

A quarta semana é aquela na qual você precisará ser mais diligente. Costumo chamá-la de "a semana da tentação". Você tem que tomar cuidado com o seu falso ego, ser cuidadoso com a sensação de onipotência de que é o único que conhece a verdade, de que todo mundo está errado ou enganado.

Naturalmente, há aqueles que são viajantes místicos mais avançados, mas você não pode entrar numa "egotrip", e sair por aí olhando todo mundo de cima. Você pode até achar que é uma alma mais evoluída, que está num nível mais alto que os outros e que, por isso, pode se indispor com qualquer pessoa, religião ou crença que não esteja de acordo com as coisas em que acredita. Mas o que você deveria fazer é entender por que se sente assim. Você parece um desses vendedores de telemarketing – tenta converter os outros sendo inconveniente.

Que necessidade é essa que você tem de que todos entendam como se sente e sintam o que sente? Claro que você sempre poderá se tornar um professor para aqueles que desejam ser viajantes místicos – pode até mesmo dar aulas, mas *nunca* deve forçar suas crenças os outros. Uma alma evoluída informa, não converte.

Lembre-se de que tomar o manto é um negócio privado entre você e Mãe e Pai Deus, e você não tem que sair por aí fazendo alarde disso. Nossos Pais vão escolher diretamente as almas que querem a Seu Serviço, e esses indivíduos realizarão sua própria busca, até encontrarem o que procuram. É exatamente como as pessoas sentem o chamado para se tornarem rabinos, imanes, ministros, padres, freiras ou monges – algumas almas alcançam novos patamares tornando-se viajantes místicos. Para isso, elas precisam procurar, rezar, entregar a Deus seus desejos e tudo o que possuem.

A meditação para a quarta semana é a seguinte:

> Sente-se ou deite-se de maneira confortável. Você se valerá de luzes prateadas durante esse processo. O prateado é uma das cores do manto. Para começar, a luz avança em "fios" roxos e depois dourados, cada um a seu tempo, por todo o seu corpo, começando nos dedos dos pés, avançando pelos pés, calcanhares, tornozelos, coxas, nádegas e costas. Certifique-se de que a luz atinja todos os seus órgãos, mesmo o reprodutivo, os sistemas linfático e neurológico, o trato intestinal, apêndice, estômago, vesícula, pâncreas, coração, pulmões e assim por diante. Peça força para seu esqueleto e todos os tendões, músculos e ligamentos; peça para que o sangue atinja todos os lugares que precisam de mais circulação. Depois, envie cada uma das cores para o pescoço, nuca e tireóide, boca, orelhas, nariz e olhos; e para as glândulas pineal, pituitária e também para o hipotálamo. Peça que a textura de sua pele fique melhor e que todos os seus sistemas, mesmo aqueles cujo nome você não saiba, funcionem melhor do que nunca. Isso serve tanto para doenças crônicas quanto para a prevenção.

Você está num campo com as oito chaves e os sete raios. Mesmo que ainda não tenha recebido o manto, você estará à frente do jogo da vida com esses instrumentos. Peça que seus anjos, guias, entes queridos de todas as suas vidas que já se foram, Azna, Deus, o Pai, Jesus e todos os messias venham cuidar de você. Esse campo onde está é repleto de narcisos dourados, e, ao longe, podem-se avistar montanhas. De repente, você nota que uma coluna prateada sai de sua cabeça e alcança todo o corpo até os dedos dos pés. Agora, você tem o poder de criar colunas de luz que honram a Deus.

Diga:
— A cada passo que dou, edifico uma coluna de amor, paz e riqueza espiritual. Onde quer que eu ande, a partir de hoje, onde quer que eu plante meus pés, quero edificar uma coluna de luz, seja em meu trabalho, nas palestras, nos aviões, nas festas, em todos os lugares aonde eu for.

Preste atenção ao belo campo cheio de narcisos dourados... Depois, eles lançam faíscas douradas quando atingidos pelo sol. Ao longe, você vê montanhas arroxeadas e nota que uma leve brisa o alcança, soprando o rosto e o corpo. Tudo está muito sereno.

De repente, enormes e aterrorizantes blocos marrons começam a aparecer, impedindo sua visão. Cada bloco traz inscrições: "baixa auto-estima", "solidão", "depressão", "medo", "fobias", "preocupações", "problemas de família", "preocupações financeiras", "problemas conjugais" e "fantasmas do passado que assombram você". "Eu deveria ter feito" e "gostaria de não ter feito" também aparecem nos blocos, que continuam se erguendo mais e mais alto.

Ainda que você consiga edificar algumas colunas de luz prateada dentro desses blocos, eles logo voltam à forma original. Suas colunas de luz são maleáveis, então você forma bolas com elas e as atira contra os blocos. No começo nada acontece, já que essas coisas estiveram com você por muitos anos, até mesmo em suas vidas passadas. De muitas formas, especialmente as coisas negativas, tornaram-se parte de você, transformaram-no em vítima.

Você puxa outra parte da coluna prateada para fora e a lança sobre os blocos. Faz isso outra e outra vez. Depois de muitas tentativas de atingir os blocos com grande energia, você ouve um barulho de ruptura.

Outra bola de luz prateada provoca um grande estrondo, e os blocos começam a ruir. Você caminha e se surpreende ao notar quão grandes e ameaçadores esses blocos eram. Você ficará passado ao descobrir quão pesados eram os problemas que carregava. Não é de admirar que tantas vezes se sentisse cansado e deprimido. Bem na frente de seus olhos, os blocos foram reduzidos a pequenos fragmentos marrons e uma brisa os espalha para longe. Então, os narcisos dourados parecem se abrir... E você, como uma fênix, renasce das cinzas fresco, novo e pronto para enfrentar o mundo, livre de todos aqueles blocos pesados e desnecessários.

Enquanto recobra a consciência, você não se sente mais desanimado, incrivelmente eufórico, confuso, resmungão, deficiente ou cansado. Você se sente como você mesmo, só que melhor – mais limpo, mais leve, sem todos os impedimentos que arrastou por anos. Os problemas e as coisas ruins, representados pelos horrorosos blocos marrons, agora parecem lembranças distantes, quase como um sonho do qual você não pode lembrar-se completamente. Eles não deixaram nenhum rastro, e, embora isso não signifique que você não terá preocupações no futuro, a verdade é que todos os seus velhos comportamentos errados realmente se foram.

Agora, sem pesos a carregar, é chegada a hora de você aceitar o manto do viajante místico.

Vamos para a próxima página.

Capítulo 12
A Cerimônia de Indução

Agora que você, finalmente, está pronto para tomar o manto do viajante místico, é tempo de focarmos em sua cerimônia de indução. Você deve escolher uma data que lhe seja significativa – embora vá se lembrar imediatamente de seu aniversário, saiba que pode ser qualquer dia que escolher. O catolicismo, por exemplo, considera santos alguns dias, então você pode escolher algum desses dias e celebrá-lo como um feriado especial, só seu. Mas não importa qual escolha, será um dia glorioso.

Escolher uma data para a cerimônia o ajuda a se preparar, assim como enviar os convites para uma das ocasiões mais sagradas, memoráveis e especiais que vivenciará. Claro que todos no Outro Lado já estarão preparados para o momento em que você fará o juramento sagrado, mas, como em um aniversário, o momento é mais seu do que dos outros. Quando acontecer sua cerimônia para tornar-se um viajante místico, todos no Lar que estiveram com você em outras vidas e todo o conselho, seu guia e os anjos, Jesus, Mãe e Pai Deus, estarão com você.

Antes de seu grande dia, é normal que sinta um pouco de nervosismo e excitação, quase como se fosse o dia de seu casamento. Eu me sinto dessa forma mesmo quando vou fazer uma leitura ou participar do *Montel's Show*... Porque sempre quero dar o meu melhor, e o medo está sempre lá. Quando eu era mais jovem, costumava olhar em volta procurando uma saída antes mesmo de entrar no palco, apenas para o caso de não conseguir ir até o final. Claro que nunca desisti, mas era sempre um pensamento reconfortante.

Lembro-me de meu primeiro programa especial em um canal a cabo. Montel e Hay House haviam investido alto no programa, e a ideia de decepcioná-los ou de causar-lhes prejuízo era mais do que eu podia suportar. Como sabia que tudo aquilo dependia de mim, fiquei obcecada com essa ideia por um mês. Quando a noite finalmente chegou, pensei que meu coração fosse sair pela boca, ou então pararia de vez. Imediatamente antes de minha entrada, meu então marido veio até mim e sussurrou "os últimos passos de uma mulher". Apesar de ser exatamente como eu me sentia, o comentário me fez rir e tirou o peso de meus ombros. Graças a Deus, ninguém perdeu o dinheiro investido no programa.

O que descrevi pode ser semelhante ao que você está sentindo – ainda que a cerimônia não seja uma apresentação teatral, dizer que se está num palco é uma boa analogia. Acredito que a permanência do manto (porque é isso, uma condição perene) pode ser animadora, mas também assustadora. O medo que você experimenta nesse momento geralmente acaba quando se dá conta de que não quer desapontar a Deus ou aos outros.

Antes de continuarmos, por favor, lembre-se de que não precisa ir a uma igreja, muito menos ser um ministro, para ter sua cerimônia particular. Se você pensa que irá pregar para as outras pessoas, saiba que está errado. O simples ato de tornar-se um viajante místico o colocará nesse caminho – você será atraído na direção das pessoas e elas serão atraídas para você, porque sua luz as ligará a você.

Durante a cerimônia, é bom que haja uma vela acesa, principalmente se for de uma cor que corresponda às cores dos sete raios de Deus. Não use velas vermelhas ou pretas: o vermelho simboliza a raiva; o preto, as trevas. Tente realizar sua cerimônia na terceira hora: 2, 3, 6 ou 9. Nove horas é a melhor de todas porque, como você sabe, Azna atua nesse número, que é a tripla trindade.

Agora, suponhamos que você não pode acender a luz por alguma razão – bem, acenda a chama em sua mente e firme seu pensamento nas oito chaves douradas e nos sete raios. Gaste alguns minutos para percorrê-los mentalmente, ou em voz alta, e visualize as cores dos raios. Enquanto você simplesmente cita cada uma pelo nome, isso o ajudará a marcar cada um deles em sua alma. Sei que a maioria de vocês que deseja tornar-se viajante místico deve se preparar e tomar providências a fim de haver tempo suficiente para que tudo seja feito de maneira apropriada, mas, se tudo der errado, esteja preparado para fazer toda essa viagem mental pelas chaves e pelos raios de forma rápida. Economizar tempo também pode ajudar, caso você encontre, subitamente, uma situação negativa.

Francine nos contou como é a cerimônia onde cada um se torna um viajante místico, de forma que você pode fazê-la sozinho ou em grupo. Se decidiu que isso não é para você, pare por aqui e leve consigo o que aprendeu. Na verdade, você pode não ser capaz de, efetivamente, usar os raios como os viajantes místicos devem fazer, mas qualquer um pode viver sob as oito chaves douradas. As almas avançadas fazem isso todos os dias, e assim trazem consigo grande poder de cura, de neutralizar negatividade e de fazer com que sua alma evolua através da sublimação de seus desejos. Mais uma vez devo dizer que você, por favor, não deve sentir-se diminuído aos olhos de Deus – a decisão de fazer com que sua alma evolua precisa ser tomada *por você*. Nem todos têm vocação para serem viajantes místicos. Dito isso, aqui está a cerimônia para a tomada do manto, nas palavras de Francine (que você pode, inclusive, querer gravar para ouvir depois, quando estiver pronto).

> Eu gostaria que vocês se levantassem, mas os que não quiserem podem permanecer sentados. Deixem que os braços caiam ao longo do corpo e relaxem. Enquanto estou falando, podem começar a notar que se sente uma luz flutuando em volta de vocês. Isso acontece porque os anjos estão congregados a sua volta, assim como seus guias, seus entes queridos que já estão do Outro Lado, outros viajantes místicos, o conselho, Jesus e Mãe e Pai Deus.

Veja a si mesmo em um prado que se estende por quilômetros. Não há obstáculos, a não ser montanhas douradas ao fundo que parecem estar sob a luz do nascer ou do pôr-do-sol. Nessas montanhas há uma fila de anjos: os querubins e serafins cantam docemente, os arcanjos, virtuosos, potestades, dominações, tronos, principados e incontáveis legiões de anjos "comuns" estão todos ali, olhando para você.

Você começa a notar que o lugar onde está recebe uma chuva de pétalas de rosas, e o cheiro o envolve. Você anda um pouco e percebe que há uma roseira e, atrás dela, um jardim repleto de todas as flores que se pode imaginar. Você ouve ao longe um maravilhoso canto de pássaros; sente o calor do sol no rosto e adora a brisa perfumada que dança a sua volta. Você está em estado de paz e tem uma sensação de familiaridade; sente-se em casa.

Azna, a Mãe Deus, e Seu exército de anjos tronos começam a marchar montanha abaixo, todos vestidos de dourado. Atrás deles vêm os arcanjos, vestidos de púrpura, e os principados, que vestem verde-esmeralda. O Pai Deus permanece a uma pequena distância de você, enquanto Nosso Senhor permanece a sua esquerda. O conselho, seus entes queridos e guias estão a sua direita, cuidando de você e sorrindo. Nossa Mãe, com Suas armas sobre a cabeça: na mão direita Ela traz uma espada dourada, e, na esquerda, carrega um cetro de ouro. Rapidamente, ela se coloca atrás e acima de você.

Há um manto dourado com luzes com brilhos púrpura, verdes, laranja e azuis, quase como um arco-íris... Mas o dourado é a cor predominante. O manto é posto sobre sua cabeça, e você diz as seguintes palavras, integrando-se com o Universo: "Querida Mãe, querido Pai, eu aceito este manto. De todas as minhas vidas e por tudo o que eu vi e vivi, agora posso andar em comunhão Convosco. Este é o ponto alto de nossas vidas, e eu fecho aqui o ciclo de busca de minha espiritualidade". Parece que agora o tempo pára. Todo o Universo está em silêncio, porque o Outro Lado está ouvindo e assistindo. Só se ouve o bater das asas.

"Querido Espírito Santo, que é o amor entre a Mãe e o Pai Deus", você deve continuar, "peço que o desejo esteja de acordo com o que a Mãe, o Pai e o Filho... deste momento em diante estarei na Legião do Mérito, Serviço e Espiritualidade, que é algo apenas entre vocês e eu. Desejo estar no exército dos viajantes místicos e seguir Sua vontade".

Com Seus braços estendidos e um lindo sorriso no rosto, Azna está a sua frente com Sua espada. Ela coloca a espada em sua frente e depois a pousa em seus ombros, como se o estivesse sagrando cavaleiro. Aos poucos o manto começa a cair sobre você, que não sente seu peso, mas sim que a luz gloriosa atravessa todo o seu corpo. Você sabe, como nunca soube antes, que está completamente imerso no mais profundo amor.

Seus sentidos estão mais aguçados do que nunca: você parece ouvir tudo, incluindo o som dos anjos, e é quase como se pudesse sentir as flores crescendo. Seus olhos captam cada detalhe, e você inala o perfume das flores. Seu coração e sua alma estão abertos para a Mãe, seu intelecto está aberto para o Pai e o Filho. Todo o seu corpo vibra com a força de um amor incondicional que você nunca havia conhecido.

Agora que o manto está todo sobre você, sente uma leve pressão. Talvez pense que o manto devesse ser mais pesado, mas ele é feito de luz e começa a fazer parte de sua alma. Você mal pode senti-lo sobre a pele, e logo ele faz parte de você. Ele imediatamente se funde a sua alma, mente e corpo, a todos os seus órgãos. Fecha-se gentilmente sobre você, se sente preenchido e envolvido pelo amor. O manto agora está marcado em você, em seus desejos, e isso durará para sempre. Não importa quão longe você vá – ainda que nos confins do Universo e até o final dos tempos: ele sempre estará com você.

Então você diz: "Por minha própria vontade eu aceitei este manto, que é símbolo de minha devoção. Meu desejo é o desejo Deles, e assim será feito".

Sinta o poder. Veja nossa Mãe assumir a postura da Derradeira Rainha Guerreira, que combate a negatividade, mas perceba também que, durante todo esse tempo, Ela exala amor e benevolência. Sinta Nosso Senhor envolvendo-o com todo seu amor e aceitação. Sinta a respiração de nosso Pai Deus no rosto, enquanto Ele o toma com toda força, majestade e magnitude. Você sente toda a essência de Seu poder criador, e sente Sua força e amor incondicionais. A cura de sua alma acaba de começar, e fagulhas prateadas cobrem todo o seu corpo.

Finalmente, você diz: "Querido Deus, segure as mãos deste viajante místico que agora pode curar. Instrua minha língua para que ela só diga a verdade e a use para disseminar as Suas palavras sublimadas pelo poder divino que ecoa por trás do que é dito. Deixe que meus olhos vejam mais do que jamais viram e permita que meu terceiro olho esteja completamente aberto, para que eu possa penetrar através da negatividade das trevas. Irei onde quer que seja necessário em nome do Pai, da Mãe, do Espírito Santo e de Nosso Senhor Jesus Cristo. Em minha mão direita, receberei uma espada dourada para lutar contra o mal e carregarei minha espada no coração. Tenho o manto para me proteger; minha mente, minha alma, que são banhados com o amor do Pai e da Mãe e com meu juramento".

Sinta a paz. Sinta a magnitude de sua alma se elevando... indo muito longe e sabendo, em seu eu mais profundo, que você respondeu ao chamado e que a missão será realizada. Por algum tempo, medite sobre esse momento sagrado, não com humildade, mas com orgulho no seu mais verdadeiro ser.

Azna agora se coloca atrás de você e faz todos saberem que você agora integra Seu exército. Você sente que é parte integrante e absoluta das fileiras que guardam todos aqueles que vieram antes de você e que virão depois de você para vencer a batalha contra as forças das trevas.

Agora que completou todo o processo de tornar-se um viajante místico, depende de você a maneira de proceder. Mesmo que só tome conta dos que estão a sua volta, já será suficiente. Afinal, sua atuação como viajante místico é algo entre você e Deus.

Uma vez que tenha passado pela cerimônia, você começa a ver mudanças. Talvez elas sejam pequenas a princípio, mas se tornarão maiores e mais fortes conforme você comece a usar suas chaves e raios. À medida que começarem a desaparecer todas as antigas preocupações, culpas e dores, sua alegria será indescritível. E, com todo o conhecimento que você adquiriu, não quero que pare de aprender, explorar, ler e pesquisar. Não importa quais textos você já leu, especialmente de natureza teológica, pois você entenderá que as entidades de almas claras estão sempre pesquisando e buscando conhecimento para amar cada vez mais e sempre adorar nossos Criadores.

Isso me traz à mente algo que escrevi há muitos anos:

— Para onde estamos indo? – disse minha alma, que estava só, em um canto silencioso.

— Estou indo para onde quero - disse meu coração, cheio de desejos e propósitos - Eu tenho paixões e muita vida para viver.

— Para onde você está indo? – silenciosamente arfou minha alma.

— Eu sou o intelecto – disse minha mente – Posso racionalizar tudo. Tenho o poder de aprender, línguas para ouvir e livros para ler.

— Para onde você está indo? – novamente minha alma sussurrou.

— Tenho música para ouvir, pessoas para amar e pores-do-sol para assistir – disse minha emoção.

— Você sabe para onde está indo? – minha alma perguntou de novo.

— Eu sou o corpo – foi a resposta – Estou cheio de órgãos, músculos e ossos, e preciso sobressair na vida.

— Mas – disse a alma, docemente – Eu sou o que nos conecta com Deus... E todas essas coisas não são nada até que estejam em harmonia comigo.

Eu sei que, por toda a sua vida, você se sentirá orgulhoso de ser um viajante místico. Ainda que, às vezes, venham tempos nos quais surjam obstáculos, as curas e bênçãos que você recebe anularão toda a negatividade. Parabéns!

Deus ama você. Eu amo você.
Sylvia

Este livro foi impresso pela Prol Editora Gráfica
para a Editora Prumo Ltda.